Walter Göbel

Geschichte
kompaktWissen
5 – 10
Von der Vorzeit bis heute

Klett Lerntraining

Bibliografische Information der Deutschen Bibliothek
Die Deutsche Bibliothek verzeichnet diese Publikation in der
Deutschen Nationalbibliografie; detaillierte bibliografische
Daten sind im Internet über http://dnb.ddb.de abrufbar.

Hinweis: Die in diesem Buch enthaltenen Videos sind Klett Lerntraining von sofatutor.com zur Verfügung gestellt worden und im
Preis dieses Produktes enthalten. Sofatutor.com ist die größte LernVideo-Plattform in Deutschland. Alle anderen auf ihr enthaltenen
Lern-Videos sind gebührenpflichtig.
Der Zugriff auf die Videos ist gewährleistet bis 2015.

Bildnachweis:
Umschlagfoto: Corbis (Hugh Rooney/ Eye Ubiquitous), Düsseldorf.
Umschlag Innenteil: Fotolia LLC: (Phoenixpix), (SigurdSon),
(Mrakor), (Digishooter), (Xavier MARCHANT), (Helgo), (JONATHAN),
New York.
Sollte es in einem Einzelfall nicht gelungen sein, den korrekten
Rechteinhaber ausfindig zu machen, so werden berechtigte
Ansprüche selbstverständlich im Rahmen der üblichen Regelungen
abgegolten.

Auflage 4. 3. 2. 1. | 2013 2012 2011 2010
Die letzten Zahlen bezeichnen jeweils die Auflage und das Jahr des
Druckes.
Dieses Werk folgt der neuesten Rechtschreibung und Zeichensetzung. Ausnahmen bilden Texte, bei denen künstlerische,
philologische oder lizenzrechtliche oder andere Gründe einer
Änderung entgegenstehen.
Das Werk und seine Teile sind urheberrechtlich geschützt. Jede
Nutzung in anderen als den gesetzlich zugelassenen Fällen bedarf
der vorherigen schriftlichen Einwilligung des Verlages.
Hinweis zu §52a UrhG: Weder das Werk noch seine Teile dürfen
ohne eine solche Einwilligung eingescannt und in ein Netzwerk
eingestellt werden. Dies gilt auch für Intranets von Schulen und
sonstigen Bildungseinrichtungen.
Fotomechanische Wiedergabe nur mit Genehmigung des Verlages.
© Klett Lerntraining GmbH, Stuttgart 2010
Alle Rechte vorbehalten.
www.klett.de/lernhilfen
Produktsteuerung und Redaktion: Sandra Meyer
Korrektorat: Dr. Sylvie Tritz
Umschlaggestaltung: Sabine Kaufmann, Stuttgart
Satz: GreenTomato GmbH, Stuttgart
Druck: AZ Druck und Datentechnik GmbH, Kempten
Printed in Germany
ISBN: 978-3-12-926039-5

INHALT

	Alle Lern-Videos auf einen Blick	5
	Vorwort	7
1	**Vorzeit, Ägypten und Antike** QUICK-FINDER	8
2	**Mittelalter und frühe Neuzeit** QUICK-FINDER	16
3	**Französische Revolution und Herrschaft Napoleons** QUICK-FINDER	32
4	**Vom Wiener Kongress bis zur Revolution von 1848** QUICK-FINDER	42
5	**Das Kaiserreich** Die Ära Bismarck (1871–1890) QUICK-FINDER	52 52
	Die Wilhelminische Ära (1890–1918) QUICK-FINDER	68
	Der Erste Weltkrieg QUICK-FINDER	78

INHALT

6 Die Weimarer Republik — 84
Die Entstehung der Weimarer Republik — 84
QUICK-FINDER

Die frühen Jahre (1919–1924) — 92
QUICK-FINDER

Die ruhigen Jahre (1924–1929) — 98
QUICK-FINDER

Der Untergang Weimars (1929–1933) — 104
QUICK-FINDER

7 Das Dritte Reich — 110
Der Weg zum totalitären Staat — 110
QUICK-FINDER

Ideologie und politische Organisation — 118
QUICK-FINDER

NS-Wirtschaftspolitik, NS-Außenpolitik und Zweiter Weltkrieg — 124
QUICK-FINDER

Der Unrechtscharakter des Dritten Reichs und der Widerstand — 136
QUICK-FINDER

INHALT

8 Deutschland 1945–1955 — 142
Alliierte Kriegszielkonferenzen und alliierte Besatzungspolitik — 142
QUICK-FINDER

Von der Gründung bis zur Souveränität der BRD und der DDR — 152
QUICK-FINDER

9 Deutschland 1955–1989 — 168
QUICK-FINDER

10 Deutschland 1989 bis heute — 182
QUICK-FINDER

Stichwortverzeichnis — 192

💭 Alle Lernvideos auf einen Blick

1. Die römische Antike → S. 14
2. Die mittelalterliche Stadt → S. 22
3. Der Absolutismus → S. 27
4. Die Ursachen der Französischen Revolution → S. 33
5. Der Vormärz → S. 45
6. Bismarcks Außenpolitik → S. 65
7. Die Industrielle Revolution → S. 71
8. Der Erste Weltkrieg → S. 81

INHALT

9. Der Vertrag von Versailles → S. 90
10. Das Krisenjahr 1923 → S. 96
11. Die Präsidialkabinette → S. 106
12. Erwerb und Sicherung der Macht durch Ausschaltung → S. 115
13. Erwerb und Sicherung der Macht durch Gleichschaltung → S. 116
14. Der Widerstand → S. 139
15. Ost-West-Konflikt und Kalter Krieg → S. 153
16. Der Aufstand vom 17. Juni 1953 → S. 165
17. Die Kubakrise → S. 173
18. Die Ost- und Deutschlandpolitik der sozial-liberalen Koalition 1969–1973 → S. 174
19. Die „friedliche Revolution" in der DDR → S. 184
20. Die Vereinigung Deutschlands → S. 188

Vorwort

Hallo liebe Schülerin, hallo lieber Schüler!

Dieses Buch ist rundum **PRAKTISCH**: Es ist klein und handlich, sehr übersichtlich aufgebaut und es erklärt dir leicht verständlich die **GESCHICHTE VON DER VORZEIT BIS HEUTE**.

Außerdem erhältst du mit diesem Buch einen kostenlosen Zugang zu **20 LERN-VIDEOS**!
Immer, wenn du im Buch dieses Sofa siehst, kannst du dir zu einem bestimmten Thema online ein Video anschauen. (In der vorderen Klappe wird genau erklärt, wie du zu den Videos gelangst.)

So einfach ist das Buch aufgebaut:

1. Jedes Kapitel beginnt mit einem `QUICK-FINDER`.
   Die Quick-Finder sind extra Inhaltsverzeichnisse für jedes Kapitel. Hier findest du schnell und gezielt, was du suchst.

2. Jedes Thema aus dem Unterricht wird leicht verständlich auf den Punkt gebracht. Fachbegriffe werden zusätzlich erklärt. Du findest sie in den blauen Kästen.

3. Außerdem gibt es zahlreiche **TIPPS VOM LEHRER**!
   Denn nur ein Lehrer weiß genau, wie's geht!

Wir wünschen dir viel Erfolg mit deinem neuen Buch!
Dein Klett-Lerntraining-Team

1 Vorzeit, Ägypten und Antike

QUICK-FINDER

1.1 Die Vorzeit
- Afrika, die „Wiege der Menschheit" → **S. 9**
- Der Homo sapiens sapiens → **S. 9**
- Die Menschen werden sesshaft → **S. 10**

1.2 Die Hochkultur Ägypten
- Der ägyptische Staat → **S. 10**
- Das Königreich Ägypten → **S. 11**
- Die ägyptische Hochkultur → **S. 11**

1.3 Die griechische Antike
- Die Gemeinschaft der Griechen → **S. 12**
- Sparta und Athen → **S. 13**
- Das Reich Alexanders des Großen → **S. 13**

1.4 Die römische Antike Lern-Video
- Besonders wichtig:
  Rom – von der Stadt zum Weltreich → **S. 14**
- Der Untergang des römischen Reichs → **S. 15**

1.1 Die Vorzeit

> **Vorzeit (Prähistorie)**
> Die Vorzeit beginnt mit der Entwicklung des Menschen vor ca. 2,5 Mio. Jahren und reicht bis zum Auftauchen erster schriftlicher Quellen ca. 2000 v. Chr.

Afrika, die „Wiege der Menschheit"
Der Mensch entstand im Laufe einer langen, ca. 5 Mio. Jahre dauernden Entwicklung (= Evolution). Skelettfunde belegen, dass die ersten Vorfahren des heutigen Menschen vor ca. 2,5 Mio. Jahren in Ostafrika lebten.

Der Homo sapiens sapiens
Der Mensch entwickelte sich vom einfach organisierten zum vernunftbegabten Lebewesen. Diese Entwicklung verlief jedoch nicht gradlinig. Verschiedene Menschenarten lebten zur selben Zeit nebeneinander, starben aus, neue entwickelten sich.
Der **Homo habilis** (lat.: „geschickter Mensch"), der vor ca. 2,4 Mio. Jahren lebte, war rein äußerlich eher Affe als Mensch, hatte lange Arme, benutzte aber schon einfache Werkzeuge und begann aufrecht zu gehen.
Der **Homo erectus** („aufrecht gehender Mensch") lebte vor ca. 1,8 Mio. Jahren in Afrika. Er unterschied sich nur gering vom heutigen Menschen. Er hatte geistige Fähigkeiten, besaß eine einfache, aber ausdrucksfähige Sprache, benutzte Feuer und stellte einfache Faustkeile her.
Der nach seinem Fundort bei Düsseldorf benannte **Homo sapiens neanderthalensis** („vernunftbegabter Mensch") lebte ca. 130 000 – 30 000 v. Chr. Vor ca. 27 000 Jahren verschwand er aus ungeklärten Gründen.

Der **Homo sapiens sapiens** („weiser, kluger Mensch") trat vor 40 000 Jahren in Erscheinung. Er fertigte Geräte, Waffen und Schmuck aus Stein, Knochen und Elfenbein und entwickelte neue Jagdmethoden. Von allen Menschenarten überlebte er allein wegen seiner geistigen Entwicklung und seiner großen Anpassungsfähigkeit.

Die Menschen werden sesshaft

Das **Neolithikum** (Jungsteinzeit, ca. **5500–2000 v. Chr.**) war die entscheidende Entwicklungsphase des Menschen. Aus sammelnden und jagenden Nomaden wurden sesshafte Bauern, Viehzüchter und Handwerker. Es entstanden dörfliche und städtische Gemeinschaften; wichtige Erfindungen und neue Techniken verbesserten das Leben (Radwagen, Geräte, Werkzeuge, Waffen, Erzgewinnung und -verarbeitung). Die Verwendung von Metallen (Kupfer, Bronze) hatte große Veränderungen zur Folge (z. B. verbesserte Werkzeuge, Entstehung neuer Berufe).

1.2 Die Hochkultur Ägypten

Der ägyptische Staat

Der Nil überflutete das Niltal zweimal im Jahr und bedeckte es mit einer fruchtbaren Schlammschicht. Deshalb bezeichnete der griechische Geschichtsschreiber Herodot Ägypten als „ein Geschenk des Nils". Der Strom bestimmte das Leben der Ägypter und machte die Zusammenarbeit aller erforderlich. Dies führte zu einem gesellschaftlich klar strukturierten Staat, an dessen Spitze der **Pharao** als Gott-König stand. Er hatte die alleinige Macht. Der **Wesir** war oberster Richter und Beamter. **Priester und Priesterinnen** waren für die religiösen Belange zuständig und bildeten die Oberschicht. Die

Schreiber (Mittelschicht) erteilten Aufträge und überwachten deren Ausführung. Die Masse des Volkes (Unterschicht) bestand aus Kaufleuten, Bauern, Handwerkern und Sklaven.

Das Königreich Ägypten

Ursprünglich gab es mit Ober- und Unterägypten zwei Königreiche. Um 3000 v. Chr. wurden sie zu einem Königreich vereint. Seine politische und kulturelle **Hochzeit** erreichte Ägypten **ca. 1530 – 1070 v. Chr.** im „Neuen Reich" unter den Pharaonen Amenophis II., Echnaton, Tutanchamun, Ramses II. und der Pharaonin Hatschepsut.

Die ägyptische Hochkultur

Die intensive Nutzung des Nils zwang die Ägypter, genaue Kenntnisse zu erwerben und neue Techniken zu entwickeln. Deshalb entstand in Ägypten eine **Hochkultur** mit großen technischen, wissenschaftlichen und kulturellen Leistungen (z. B. Pyramiden, Tempel, Bewässerungsanlagen, Schrift, Papier, Kalender, Geometrie).

> **Hochkultur**
>
> Bezeichnung für die hoch entwickelte Lebensart früher Gesellschaften. Merkmale sind staatliche Verwaltung, Städte, Wohnkultur, Technik, Wissenschaften und Schrift. Weitere Hochkulturen entstanden in Mesopotamien (Euphrat und Tigris), China (am Gelben Fluss), auf Kreta sowie in Mittel- und Südamerika (Azteken-, Maya- und Inkareich).

Die Ägypter verehrten viele Götter und glaubten an ein Weiterleben nach dem Tode. Deshalb wurden bedeutende Verstorbene mumifiziert und die Pharaonen in riesigen Pyramiden oder Königsgräbern prunkvoll bestattet.

> **Lehrer-Tipp: Der perfekte Einstieg für ein Referat**
>
> „Wenn du ein Referat hältst, sind zwei Dinge besonders wichtig: die Richtigkeit deiner Informationen und die Art und Weise, wie du sie vorträgst. Um dein Referat von Anfang an so interessant wie möglich zu gestalten, versuche einen anschaulichen Einstieg zu finden: ein Bild, ein Zitat oder eine Person, die zu dieser Zeit lebte.
>
> Beim Thema „Ägypten" könntest du z. B. deine Mitschüler Wörter in Hieroglyphen schreiben lassen ..."
>
> Walter Göbel, Gymnasiallehrer in Würzburg

1.3 Die griechische Antike

> **Antike (griechisch und römisch)**
>
> Die Antike ist die auf den Mittelmeerraum bezogene Epoche von ca. 1200 v. Chr. – ca. 600 n. Chr.

Die Gemeinschaft der Griechen

Im 2. Jahrtausend v. Chr. wanderten Äoler, Achäer, Ionier und Dorer nach Griechenland ein. Sie gründeten unabhängige Stadtstaaten (Poleis, Einzahl: **Polis**), die von Königen und einer militärischen Adelsschicht (**Aristokraten**) geführt wurden. Aufgrund der geografischen Bedingungen entstand kein Gesamtstaat. Alle Griechen (**Hellenen**) hatten aufgrund ihrer gemeinsamen Kultur ein starkes Zusammengehörigkeitsgefühl. Sie wurde bestimmt von der Schrift, dem Götterglauben, großen Festspielen und **Homers Epen**, die vom Kampf um Troja und den Irrfahrten des Odysseus erzählen (Ilias und Odyssee).

Die griechische Antike | 13

Sparta und Athen

In der zweiten Hälfte des 1. Jahrtausends entwickelten sich Sparta und Athen zu den führenden griechischen Stadtstaaten. Sparta war ein Kriegerstaat, in dem alle Macht bei der kriegerischen Oberschicht, den Spartanern, lag. In Athen entstand eine erste **Demokratie**, die allerdings Frauen, Fremde und Sklaven von jeglicher Mitbestimmung ausschloss.

> **Demokratie**
>
> Herrschaftsform, in der alle staatliche Macht vom Volk ausgeht. Grundlagen: Volkssouveränität, Freiheit, Gleichheit und Rechtsstaatlichkeit.

In den siegreichen Kriegen gegen das Perserreich (**Perserkriege 490–479 v. Chr.**) festigte Athen seine politische Vormachtstellung und erreichte seinen kulturellen Höhepunkt. Der **Peloponnesische Krieg (431–404)**, den Sparta gewann, beendete die Macht Athens.

Das Reich Alexanders des Großen

Nach der Vereinigung von Makedonien und Griechenland durch Philipp II. unterwarf dessen Sohn **Alexander der Große** das riesige Perserreich durch siegreiche Schlachten (am Granikos 334, bei Issos 333 und Gaugamela 331) und errichtete ein Weltreich, das von Ägypten bis zum Indus (Pakistan) reichte. Es zerfiel nach Alexanders Tod (323 v. Chr.) in drei Nachfolgerreiche (Diadochenreiche). Die Gründung von mindestens 30 nach ihm benannten Städten, ihre Besiedelung mit Griechen und die Verbreitung der griechischen Sprache und Kultur in Alexanders Weltreich bewirkten die Entstehung der hellenischen Weltkultur. Das **Zeitalter des Hellenismus** endete mit der Eroberung des ägyptischen Alexandria (im Nildelta), der ersten Weltstadt und Handelsdrehscheibe der damaligen Welt im Jahre 30 v. Chr. durch die Römer.

1.4 Die römische Antike

Lern-Video
www.sofatutor.com/klett/5s

Besonders wichtig:
Rom – von der Stadt zum Weltreich

Rom wird Republik
753 v. Chr. entstand Rom (der Sage nach). Im Jahre 510 v. Chr. befreite es sich von der Herrschaft der etruskischen Könige und wurde eine **Republik**.

Republik
Staatsform, in der kein König an der Spitze des Staates steht (Monarchie), sondern ein Bürgerlicher.

In den **Ständekämpfen** zwischen den **Patriziern** (Adelige) und den **Plebejern** (Masse des Volkes) ca. 450–287 v. Chr. errangen letztere die politische Gleichstellung.
Nach der Ausschaltung von Konkurrenten (Karthago, Makedonien, Korinth) beherrschte Rom um die Mitte des 2. Jh. v. Chr. den ganzen Mittelmeerraum.
Die zahlreichen Kriege bewirkten die Verarmung der Bauern und Handwerker; starke soziale Spannungen konnten nicht gelöst werden. Deshalb entstand ein hundertjähriger **Bürgerkrieg** zwischen den Optimaten (Adeligen) und den Popularen (Masse des Volkes, 133–30 v. Chr.).

Die römische Antike

Das römische Weltreich unter Augustus
Im Jahre 49 v. Chr. errang **Gaius Julius Cäsar** die Macht und herrschte wie ein König. Seine Ermordung (44 v. Chr.) ließ den Bürgerkrieg wieder aufflammen. Den Machtkampf gewann Octavian (**Augustus**), Caesars Großneffe und Adoptivsohn. Obwohl er die republikanische Tradition nach außen hin wahrte und sich „princeps" (Erster unter Gleichen) nannte, war er aufgrund seiner großen Machtfülle in Wirklichkeit ein **Kaiser**. Er sicherte die Reichsgrenzen, eroberte bis zur Varus-Schlacht im Teutoburger Wald (9 n. Chr.) neue Gebiete nördlich der Alpen, verbesserte die Lebensverhältnisse in Rom durch neue Gesetze und öffentliche Lebensmittelverteilung und förderte Kunst und Wissenschaft. Deshalb gilt seine Amtszeit (27 v. Chr. – 14 n. Chr.) als die **Blütezeit Roms**. Der Senat verlieh ihm die Ehrentitel „Imperator Caesar Augustus" (Caesar ➞ Kaiser).

Der Untergang des römischen Reichs
Im 3. Jh. n. Chr. begann der Verfall Roms. Die dauernde Bedrohung Roms durch fremde Völker während der Völkerwanderungszeit (375 – 568 n. Chr.), die schwierige Verwaltung des Weltreichs und die riesigen Ausgaben für dessen Sicherung bewirkten den Untergang. 375 zerfiel Rom in Ost- und Westrom und 476 endete das weströmische Reich mit der Absetzung des letzten Kaisers Romulus Augustulus durch den germanischen Heerführer Odoaker. Das oströmische Reich bestand bis 1453.
Auf dem Boden des römischen Imperiums entstanden andere Reiche: **Byzanz**, das **Frankenreich** (ab ca. 500) und nach Mohammeds Tod 632 das **islamische Reich**.

2 Mittelalter und frühe Neuzeit

QUICK-FINDER

2.1 Das Mittelalter (6. Jh. bis Ende 15. Jh.)
- Das Reich Karls des Großen → **S. 17**
- Die Herrscherhäuser (10. bis 15. Jh.) → **S. 18**
- Das Lehnswesen (Feudalismus) → **S. 21**
- Orden, Klöster und Kreuzzüge → **S. 21**
- Das Rittertum → **S. 22**
- Die mittelalterliche Stadt → **S. 22**
  Lern-Video
- König, Kaiser und Fürsten → **S. 23**

2.2 Die frühe Neuzeit (Ende 15. Jh. bis 1789)
- Renaissance und Humanismus → **S. 24**
- Entdeckungen → **S. 25**
- Die Reformation → **S. 25**
- Der Dreißigjährige Krieg (1618–1648) → **S. 26**
- Der Absolutismus → **S. 27**   Lern-Video
- Die europäischen Mächte → **S. 29**
- Die Entstehung der USA → **S. 30**
- Besonders wichtig: Die Aufklärung → **S. 31**

2.1 Das Mittelalter (6. Jh. bis Ende 15. Jh.)

Das Reich Karls des Großen

Das fränkische Herrschergeschlecht der **Karolinger** löste 751 die machtlosen Merowinger ab. **Karl der Große (768–814)** erweiterte das Frankenreich durch Gebietsgewinne in Sachsen, Nordspanien und Oberitalien. Dabei ging er hart und brutal vor. Gegen die Sachsen, die an ihrem heidnischen Glauben festhielten, führte er 32 Jahre lang Krieg. 782 soll er die Enthauptung von 4500 Sachsen veranlasst haben. Andererseits war er sehr an Wissenschaften interessiert und umgab sich mit großen Gelehrten.

800 Kaiserkrönung: Am Weihnachtstag 800 krönte der Papst Karl d. Gr. in Rom zum Kaiser. Damit gehörte er mit dem Kaiser von Byzanz und dem Kalif von Bagdad zu den großen Herrschern der damaligen Welt.

Für die **Verwaltung seines Reichs** entwickelte er eine **neue Ordnung mit folgenden Charakteristika**: einheitliche Rechtsprechung, von Grafen geführte Gaue, übers ganze Reich verstreute Königshöfe (Pfalzen), Treueid der Adligen, Verbesserung der schulischen Ausbildung für hohe Beamte und Kontrolle der hohen Lehnsherren durch königliche Sendboten („missi dominici").
Karl verschmolz antikes Erbe, christliche Religion und germanisches Gedankengut und schuf so die Grundlagen Europas.

> **Karl der Große**
>
> Karl der Große wurde schon zu Lebzeiten „der Große" und „Pater Europae" (Vater Europas) genannt.

> Im Jahr 800 krönte ihn der Papst in Rom zum Kaiser. Er gilt als einer der bedeutendsten Herrscher des Mittelalters. Da Kaiser Friedrich I. Ansehen und Würde des deutschen Kaisertums religiös erhöhen wollte, betrieb er die Heiligsprechung Karls (1165). Sowohl Franzosen als auch Deutsche führen den Beginn ihrer Nationalgeschichte auf ihn zurück.

Die Herrscherhäuser (10. bis 15. Jh.)

Nach dem Tod Karls d. Gr. (814) zerfiel sein Reich in das Westfrankenreich (Frankreich) und das Ostfrankenreich (Deutschland). 911 wählten die ostfränkischen Herzöge der Bayern, Schwaben, Franken, Sachsen und Lothringer mit dem Frankenherzog Konrad einen eigenen ostfränkischen König. Eine Erbmonarchie (wie in England und Frankreich) entstand jedoch nicht, da die deutschen Könige gewählt wurden. Deshalb stellten immer wieder andere Herrscherhäuser die deutschen Könige bzw. Kaiser.

Die sächsischen Herrscher (919–1024)

Konrad I. (911–918) übertrug die Königskrone vor seinem Tod dem Sachsenherzog Heinrich I. (919–936). Dessen Sohn Otto I. (der Große, 936–973) besiegte 955 die Ungarn (Schlacht auf dem Lechfeld bei Augsburg), weitete das Reichsgebiet nach Süden (Ober-, Mittelitalien) und Osten (bis an die Oder) aus und führte das Ottonische Reichskirchensystem ein.

Ottonisches Reichskirchensystem

Aufgrund des dauernden Machtkampfs zwischen König und Herzögen vergab Otto d. Gr. viele weltliche Lehen und Ämter in der Reichsverwaltung an Geistliche, die zuvor am Königshof tätig gewesen waren.

962 wurde Otto I. zum Kaiser gekrönt. Seine Nachfolger waren Otto II. (973–983), Otto III. (983–1002) und Heinrich I. (1002–1024).

Die salischen (fränkischen) Herrscher (1024–1125)

Konrad II. (1024–1039) verringerte die Macht der dem König direkt unterstehenden hohen Lehnsträger (Kronvasallen), indem er die kleinen Lehen erblich machte und so die Gefolgschaft der kleinen Lehnsträger gewann. Heinrich III. (1039–1056) ordnete die Kirche der kaiserlichen Gewalt unter.

Unter Heinrich IV. (1056–1106) brach der **Investiturstreit** wegen der Frage aus, ob dem König die Einsetzung von Kirchenfürsten zustehe oder dem Papst. Seinen Höhepunkt erreichte er mit der Bannung Heinrichs IV. (1076) und mit dessen **„Bußgang nach Canossa"** (Oberitalien, 1077). Heinrich V. (1106–1125) beendete den Investiturstreit **1122** zugunsten des Papstes mit dem **Wormser Konkordat**.

Konkordat
Vertrag eines Staates mit der katholischen Kirche, vertreten durch den Papst.

Die staufischen (schwäbischen) Herrscher (1138–1254)

Sie hatten mit **Friedrich I.** (ital. „Barbarossa" = Rotbart, 1152–1190) den mächtigsten Herrscher. Er zerschlug die welfische Herzogsmacht in Sachsen und Bayern und führte mit unterschiedlichem Erfolg lange Kriege gegen die oberitalienischen Städte und das Papsttum. Nach dem frühen Tod seines Sohnes Heinrich VI. (1191–1197) kam es zum staufisch-welfischen Machtkampf. Er endete, als sich **Friedrich II.**, der Enkel Barbarossas, 1214 gegen den welfischen König Otto IV. durchsetzte. Er residierte in Sizilien, das er zu einem modernen Beamtenstaat ausbaute. Den deutschen Fürsten gab er die königlichen Rechte (Regalien), damit sie seinen Sohn Konrad IV. anerkannten, der das deutsche Reich für ihn regierte. Den Kampf gegen die norditalienischen Städte und das Papsttum konnte Friedrich II. nicht gewinnen. Konrad IV. und dessen Sohn Konradin versuchten vergeblich, das Königreich Sizilien und die deutsche Königskrone zu erhalten.

Das Interregnum (1250–1273)
Zwischen 1250 und 1347 herrschte eine ausgeprägte Rivalität der deutschen Fürsten. Ausländische Fürsten wurden in der Zeit des Interregnums 1250–1273 deutsche Könige (Wilhelm von Holland, Richard von Cornwall, Alfons von Kastilien) und danach gab es Könige aus den Häusern Habsburg (Österreich), Nassau, Luxemburg (Böhmen) und Wittelsbach (Bayern).

> **Interregnum**
>
> Zwischenregierung ohne rechtmäßigen Amtsinhaber.

Die Luxemburger
Von 1347 bis 1437 regierten Karl IV. und seine Söhne von ihrer Hauptstadt Prag aus das deutsche Reich.

Die Habsburger
Mit Rudolf von Habsburg (1273–1291) begann der Aufstieg der Habsburger, deren Stammland Österreich war. Mit der Wahl Albrechts II. zum König wurde **1438** die deutsche **Königskrone erblich** und verblieb bis 1806 bei ihnen.

Das Lehnswesen (Feudalismus)

Die gesellschaftliche und politische Organisationsform des Mittelalters war das Lehnswesen. Es basierte auf der Verleihung von Land (Lehen). Der beiderseitige Treueid (Treue und Hilfe des Lehnsmannes, Schutz durch den Lehnsherrn) bildete die Grundlage des Lehnsverhältnisses. Durch die Weiterverleihung von Lehen entstand eine Lehnspyramide. Die **Grundherrschaft**, die Herrschaft über Grund und Boden und über die dazugehörigen, abhängigen Menschen, war die Organisationsform der mittelalterlichen Agrarwirtschaft.

Orden, Klöster und Kreuzzüge

529 gründete Benedikt von Nursia ein Kloster, aus dem als erster Mönchsorden der **Benediktinerorden** entstand. Grundlagen der benediktinischen Lebensweise (Regel) sind Gehorsam, Ehelosigkeit, Armut, praktizierte Nächstenliebe, ein strikt vorgeschriebener Tagesablauf sowie Arbeit und Gebet als zentrale Tätigkeiten („ora et labora"). Die Klöster und Orden entwickelten sich zu geistlichen, kulturellen und wirtschaftlichen Zentren und prägten die Entwicklung Europas im Mittelalter maßgeblich. Um der Verweltlichung der Kirche entgegenzuwirken, entstanden immer wieder neue Orden (Cluniazenser, Zisterzienser, Prämonstratenser, Franziskaner, Dominikaner).

Die Eroberung des Heiligen Landes durch muslimische Stämme führte zwischen 1096 und 1272 zu sieben **Kreuzzügen**. Die Kreuzzüge gaben dem Orienthandel und dem kulturellen Austausch große Impulse, verschärften aber auch die Konflikte zwischen der islamischen und der christlichen Welt.

Das Rittertum

Es entstand durch die Verschmelzung des alten Geburtsadels mit den gepanzerten Reitern. Ritter wurde man nach einer 14-jährigen Ausbildung. In ihrem Mittelpunkt standen die militärischen Belange und die Erziehung zum ritterlichen Leben. Schutz des Glaubens und der Gerechtigkeit, Hilfe für die Schwachen sowie Selbstbeherrschung, Zucht und Treue waren die ritterlichen Grundtugenden. Minnesang (gesungene Liebeslyrik) und Turniere spielten eine wichtige Rolle im höfischen Leben.

Im Verlauf der **Kreuzzüge** entstanden im Heiligen Land **geistliche Ritterorden** (Templer-, Johanniterorden, Deutscher Orden). Ihre Mitglieder widmeten sich der Seelsorge und der Betreuung der Pilger, der Schwachen und Kranken. Nach dem endgültigen Verlust des Heiligen Landes suchten sie sich neue Wirkungsstätten in Europa.

Die mittelalterliche Stadt

Lern-Video
www.sofatutor.com/klett/5t

Städte hatten folgende Gründungsursachen: Römersiedlungen, wirtschaftlich oder strategisch günstige Lage, Handelswege, Bischofssitze, Burgen und Klöster. Städte, die das königliche Recht der Selbstverwaltung hatten, unterstanden keinem adligen Stadtherren und waren „freie" Städte („Stadtluft macht frei"). Sie wurden bis zum 14. Jh. von den reichen Kaufleuten (Patrizier), danach von den Kaufleuten und den Zunftoberen regiert.

> **Zunft**
>
> Zusammenschluss von Handwerkern zur Wahrung ihrer Interessen durch Regelung der Ausbildung, Arbeitszeiten, Löhne, Preise und Qualität der Waren.

Reichtum und Ansehen bestimmten die Zugehörigkeit zur städtischen Ober-, Mittel- oder Unterschicht. Daneben gab es Randgruppen, die kein Stadtrecht besaßen. Zu ihnen gehörten Aussätzige, Kranke, Scharfrichter, Henkersknechte, Gaukler, „fahrendes Volk" und die Juden, die eine eigene Gemeinde in der Stadt bildeten. Der Fernhandel machte viele Kaufleute und Handelsstädte reich und einflussreich. Er schuf auch erste moderne kaufmännische Grundlagen. Im 14. und im 15. Jahrhundert entstanden mächtige Handelsbünde. Die **Hanse** (Blütezeit: ca. 1350–1400) z.B. erreichte das Handelsmonopol im Nord- und Ostseeraum und wurde zu einem wichtigen politischen Machtfaktor. Nach 1400 verfiel sie zunehmend.

König, Kaiser und Fürsten

Im 13. Jahrhundert schwand die Königsmacht und die Fürsten wurden selbstständige Landesherren, die in ihrem Gebiet wie Könige herrschten.

1356 regelte Kaiser Karl VI. durch die **Goldene Bulle** die deutsche Königswahl durch folgende Bestimmungen endgültig: Mehrheitliche Wahl des Königs durch drei geistliche Kurfürsten (Erzbischöfe von Köln, Trier, Mainz) und vier weltliche (Pfalzgraf bei Rhein, Herzog von Sachsen, Markgraf von Brandenburg, König von Böhmen) in Frankfurt; der König ist gleichzeitig Kaiser.

> **Bulle (lat. bulla = Kapsel)**
> Ursprünglich das Kästchen, das das Siegel eines kaiserlichen oder päpstlichen Schreibens schützte, später die Urkunde selbst.

Im 14. und 15. Jahrhundert wurden die **Habsburger** durch geschickte Heiratspolitik zur stärksten Macht. Um die Mitte des 15. Jahrhunderts wurde die deutsche Königskrone (und damit auch die Kaiserkrone) bis zum Ende des Kaiserreichs 1806 in ihrer Familie erblich. Als sie auch die spanische Königskrone erlangten, waren sie um 1500 die unangefochtene Weltmacht. Zum zweiten großen deutschen Herrscherhaus entwickelte sich (seit 1180) die bayerische Dynastie (Herrscherhaus) der Wittelsbacher.

2.2 Die frühe Neuzeit (Ende 15. Jh. bis 1789)

Renaissance und Humanismus

Die Renaissance setzte in Italien um 1350 ein und prägte vom 14. bis zum 16. Jh. ganz Europa. Diese Epoche ist gekennzeichnet von der Wiederbelebung (franz. renaissance) der Antike, von Erfindungen (Buchdruck, Globus, Fernrohr, Kompass etc.) und den Leistungen der humanistischen Gelehrten. Sie lösten sich von den bisherigen Autoritäten Kirche und Staat, stellten den freien, schöpferischen Menschen in den Mittelpunkt und entwickelten neue Lehren vom Menschen (lat. humanus = menschlich), vom Staat sowie naturwissenschaftliche und technische Verfahrensweisen. Dadurch beeinflussten Humanisten wie Leonardo da Vinci, Niccolo Machiavelli und Paracelsus spätere Zeiten künstlerisch, philosophisch, naturwissenschaftlich und technisch und veränderten die Gesellschaft.

> **Leonardo da Vinci (1452–1519)**
>
> gilt als der größte Universalgelehrte der Renaissance. Er war Maler, Bildhauer, Baumeister, Erfinder und wissenschaftlicher Forscher, der seiner Zeit in vielen Gebieten weit voraus war. Er konstruierte das erste Fahrrad, das erste Auto, den Fallschirm, einen Flugapparat, einen Hubschrauber, große Kriegsmaschinen, riesige Brücken und Befestigungsanlagen. Seine anatomischen Studien betrieb er an heimlich ausgegrabenen Leichen, die er sezierte und äußerst detailgetreu nachzeichnete.

Entdeckungen

Die **Entdeckung Amerikas (1492)** und des Seewegs nach Indien (1498) durch spanische und portugiesische Seefahrer erschloss neue Welten. Den Entdeckern folgten die Eroberer. Cortés und Pizarro zerstörten das Azteken- bzw. Inkareich. Die Indios wurden in den Kolonien unterdrückt, durch härteste Arbeitsbedingungen und eingeschleppte Krankheiten dezimiert, die Kolonien bis ins 20. Jahrhundert ausgebeutet. Der **Kolonialismus** verbreitete die europäische Kultur und europäisierte dadurch Nord-, Mittel- und Südamerika.

Die Reformation

Die Verweltlichung der Kirche erzeugte im 15. Jahrhundert starke Kritik und den Ruf nach einer umfassenden Reform der Kirche (➤ Reformation = Wiederherstellung, Erneuerung).

Luthers 95 Thesen
Sie lösten **1517** die Reformation aus. Luther, der sich gegenüber Papst und Kaiser verantworten musste, bestritt die Unfehlbarkeit des Papstes bzw. des Konzils. Wahr sei allein, was durch die Bibel belegt werde. Auf dem **Reichstag zu Worms (1521)** wurde er geächtet, seine Lehre verboten **(Wormser Edikt)**. Auch außerhalb Deutschlands, in der Schweiz, in Genf, in Frankreich, den Niederlanden, Schottland und Ungarn entstanden protestantische Kirchen. Beeinflusst von Luthers Lehre versuchten die Bauern im Bauernkrieg 1524–1526 vergeblich, ihre Lebensbedingungen zu verbessern. 1531 „protestierten" die evangelischen Fürsten und Reichsstädte gegen die Wiedereinführung des Wormser Edikts und gründeten den **Schmalkaldischen Bund**. Der Schmalkaldische Krieg (1546/47) brachte keine Entscheidung.

Der **Augsburger Religionsfriede (1555)** gab den Fürsten das Recht, in ihrem Territorium die Religion zu bestimmen. In Reichsstädten konnten die beiden gleichberechtigten Konfessionen nebeneinander bestehen. Das **Konzil von Trient (1545–1563)** verbot die als Irrlehren angesehenen protestantischen Glaubensgrundsätze, ging gegen die Missstände in der katholischen Kirche vor und setzte die von den Jesuiten geführte **Gegenreformation** in Gang.

Der Dreißigjährige Krieg (1618-1648)
Im **Böhmischen Krieg (1618–1623)** besiegte Herzog Maximilian von Bayern bzw. sein Feldherr Tilly den protestantischen „Winterkönig" Friedrich von der Pfalz. Die Böhmen mussten zum katholischen Glauben zurückkehren. Im **Dänischen Krieg (1625–1629)** besiegten Tilly

und Wallenstein, der Feldherr Kaiser Ferdinands II., den dänischen König, der den Protestantismus und seine deutschen Besitzungen schützen wollte. Der **Schwedische Krieg (1630–1635)** verwüstete weite Teile Süddeutschlands. Der drei Jahre nach dem Tod des protestantischen Schwedenkönigs Gustav Adolf II. aufgesetzte Prager Frieden (1635) beendete den Krieg. Im Französisch-Schwedischen Krieg (1635–1648) ging es um Machtpolitik und nicht mehr um Religion.

Unter der grausamen Kriegsführung und den Kriegsgräueln hatte die Bevölkerung in extremer Weise zu leiden. Nach 30 Jahren Krieg regelten schließlich 1648 die beteiligten Fürsten die religiösen und politischen Verhältnisse im Reich endgültig.

Der Absolutismus

Lern-Video
www.sofatutor.com/klett/5u

Definition
Zwischen 1648 und der Französischen Revolution (1789) war der Absolutismus die Herrschaftsform der Länder, deren Fürsten sich von dem Einfluss der drei Stände (weltlicher Adel, geistlicher Adel, Bauern- und Bürgerstand) lösen konnten. Der **absolutistische Herrscher** hatte die oberste und alleinige Gewalt, er war in seinen Entscheidungen völlig frei (lat. absolutus = losgelöst) und lediglich an Gott bzw. an Recht und Gerechtigkeit gebunden.

Der Absolutismus in Frankreich
Ludwig XIV. und seine **Residenz in Versailles** wurden zum Vorbild fast aller europäischen Fürsten und Fürstenhöfe. Er schuf einen **zentralistischen Beamtenstaat** mit folgenden Maßnahmen: Systematische Wirtschafts-

politik durch Einfuhr billiger Rohstoffe aus den Kolonien und Export von teuren Fertigwaren (Merkantilismus); Einrichtung eines großen stehenden Heeres; Ausbau der Infrastruktur (Wege, Straßen, Kanäle); Verwaltung durch ihm verantwortliche bürgerliche Fachminister und königliche Beamte in den Départements (Verwaltungsbezirken); systematische Kolonialpolitik in Nordamerika; Steigerung von Macht durch Kriege; Kontrolle über den Adel durch Entfaltung des höfischen Lebens in Versailles.

> **Merkantilismus**
>
> Zentral gelenkte Wirtschaftspolitik absolutistischer Regierungen, die möglichst große Geldmittel für Herrscher, Hof und Staatsverwaltung erzielen soll.

Zahlreiche Kriege brachten Ludwig große Gebietsgewinne und machten Frankreich zur dominierenden Kontinentalmacht. Als sich europäische Staaten gegen ihn zusammenschlossen, wurden Ludwigs Kriege immer verlustreicher und eine „große Koalition" europäischer Staaten (England, Holland, die meisten deutschen Fürstentümer) beendete seine kriegerische Außenpolitik. Als er 1715 starb, war Frankreich finanziell erschöpft.

> **Ludwig XIV. (1661–1715)**
>
> wurde mit 22 Jahren König. Aufgrund seines prunkvollen, machtbewussten Auftretens wurde er zum Idealtyp des absolutistischen Fürsten. Er sah sich als **„Sonnenkönig"** (le roi soleil), der niemandem (außer Gott) verantwortlich ist und wie die Leben spendende Sonne im Zentrum (Frankreichs) steht. Als Symbol dieser Herrschaftsauffassung („L'état c'est moi" =

> der Staat bin ich) ließ er von ca. 35 000 Arbeitern in 20 Jahren das riesige und äußerst prunkvolle Schloss von Versailles (nahe Paris) erbauen.

Die „Glorious Revolution" in England
In England konnten die Stuart-Könige den Absolutismus nicht einführen. 1649 wurde Karl I. enthauptet, England eine Republik. Nach der Militärdiktatur Cromwells und der Vertreibung von James II. brachte die **Glorious Revolution 1689** den endgültigen Sieg des Parlaments. Dieser Sonderweg machte England als einziges europäisches Land zu einer konstitutionellen Monarchie, in der der König an die Verfassung gebunden ist.

Die europäischen Mächte

Im 17. und 18. Jahrhundert konkurrierten die europäischen Staaten um die Macht. Ludwig XIV. konnte die Ostgrenze Frankreichs für kurze Zeit bis an den Rhein vorschieben.
Der **Spanische Erbfolgekrieg (1701–1714)** bewirkte die Teilung des Habsburgerreiches in Spanien und Österreich und brachte das von England angestrebte Gleichgewicht der Mächte auf dem Kontinent. England profitierte von diesem Krieg am meisten, da es wichtige überseeische Gebiete gewann.
Russland schwankte zunächst zwischen Festhalten an den bestehenden Verhältnissen und Modernisierung. **Peter der Große (1682–1725)** erzwang die Modernisierung Russlands, das im Nordischen Krieg (1700–1721) in den Kreis der Großmächte aufstieg.
Österreich konnte sein Territorium im Südosten Europas durch Kriege gegen die Türken erweitern. **Kaiserin Maria Theresia (1740–1780)** bewahrte die Macht Habsburgs,

auch wenn Schlesien an Preußen verloren ging. Ihr Sohn Joseph II. modernisierte Österreich als aufgeklärter Monarch.

Der Aufstieg Preußens begann mit dem Großen Kurfürst Friedrich Wilhelm (1640–1688). Kurfürst Friedrich III. (1688–1713) erwarb 1701 die Königswürde für Preußen und wurde als Friedrich I. König in Preußen. Friedrich Wilhelm I., der „Soldatenkönig" (1713–1740), schuf ein schlagkräftiges Heer und einen straff geführten Staat. **Friedrich II. (1740–1786)** regierte als aufgeklärter Monarch und machte Preußen zu einer Großmacht.

> **Preußen**
>
> Von den Prussen besiedeltes Gebiet im Nordosten Polens. Ein Teil, das Herzogtum Preußen, kam 1618 in den Besitz der Kurfürsten von Brandenburg.

Bayern war nach dem Dreißigjährigen Krieg die stärkste Macht in Süddeutschland und besetzte zahlreiche einflussreiche Bischofssitze. Den Höhepunkt ihres Großmachtstrebens erreichten die **Wittelsbacher** mit der Kaiserwürde Karls VII. (1742–1745). Danach mussten sie die Dominanz des Hauses Habsburg wieder anerkennen. Das Deutsche Reich blieb in dieser Zeit zersplittert und schwach.

Die Entstehung der USA

Gegen Ende des 16. Jahrhunderts emigrierten erste Europäer aus gesellschaftspolitischen, wirtschaftlichen und religiösen Gründen in die Neue Welt. Europäische Seefahrernationen (England, Frankreich, Spanien, Portugal, Niederlande) gründeten Kolonien in Nordamerika. Im agrarisch geprägten Süden bewirtschafteten vor allem westafrikanische Sklaven die Plantagen.

Die frühe Neuzeit

Hohe Steuern und die Verweigerung politischer Mitbestimmung durch den englischen König lösten den **Unabhängigkeitskrieg (1773–1776)** aus, der mit der Souveränität der 13 englischen Kolonien endete. Sie gründeten die **Vereinigten Staaten von Amerika** (USA) und gaben sich eine moderne demokratische Verfassung (1789). Danach wurde das Land bis zum Atlantik (1890) erschlossen.

Besonders wichtig: Die Aufklärung

Das Zeitalter der Aufklärung ist eine Epoche im 17. und 18. Jahrhundert. In dieser Zeit wurde das Denken der Menschen neu bestimmt durch: kritisches Hinterfragen von Traditionen (u. a. Aberglaube, Vorurteile), **Gedanken- und Glaubensfreiheit** und neue naturwissenschaftliche Erkenntnisse (z. B. von Kepler und Newton).

Für die Aufklärer waren die entscheidenden Kriterien **Vernunft** und vernunftgemäßes Denken (lat. ratio). Da sie sich besonders mit dem Verhalten der Menschen und den Regeln ihres Zusammenlebens beschäftigten, entstanden mit Soziologie und Politologie neue Wissenschaften.

Die Staatsrechtler der Aufklärung (besonders Hobbes, Locke, Montesquieu, Rousseau und Kant) betonten die **Freiheit** und **Gleichheit der Menschen** und die Souveränität des Volkes. Staat und Gesellschaft wurden ihrer Meinung nach durch den Gesellschaftsvertrag geregelt. Er wird zwischen dem Volk und denen geschlossen, denen das Volk die Machtausübung überträgt (Staat). Die Inhaber der staatlichen Macht sind also an den Willen des Volkes gebunden.

3 Französische Revolution und Herrschaft Napoleons

QUICK-FINDER

3.1 Die Französische Revolution (1789)
- Die Ursachen der Französischen Revolution ➔ S. 33 Lern-Video
- Die Revolution im Überblick ➔ S. 33
- Menschenrechte und konstitutionelle Monarchie ➔ S. 34
- Die Schreckensherrschaft der Jakobiner ➔ S. 35

3.2 Die Herrschaft Napoleons
- Napoleons Aufstieg ➔ S. 36
- Napoleons Hegemonie auf dem Kontinent ➔ S. 37
- Napoleons Fall ➔ S. 38
- Besonders wichtig: Das Ende des Heiligen Römischen Reiches Deutscher Nation ➔ S. 39
- Reformen in Deutschland ➔ S. 40

Die Französische Revolution

3.1 Die Französische Revolution

Die Ursachen der Französischen Revolution

Lern-Video
www.sofatutor.com/klett/5v

Die alte ständische Ordnung hatte jedem Menschen durch Geburt einen festen Platz in der Gesellschaft zugeordnet. Die Möglichkeit gesellschaftlich aufzusteigen, war für die Masse des Volkes sehr gering. Diese Ordnung, das **Ancien Régime**, verlor im 18. Jh. immer mehr das Vertrauen des 3. Standes (Bürgertum), der 98 % der Gesellschaft ausmachte. Die Spannungen wuchsen und folgende Faktoren lösten schließlich die **Revolution** aus:
- Die absolutistische Herrschaft Ludwigs XVI. sowie dessen prunkvolle und teure Hofhaltung;
- hohe Staatsverschuldung und drohender Staatsbankrott;
- Privilegierung des weltlichen und geistlichen Adels, des 1. und 2. Standes (z.B. fast völlige Steuerfreiheit);
- der 3. Stand, der fast ausschließlich die Steuerlast trug, war von der politischen Macht ausgeschlossen;
- Kleinbürger und Bauern lebten am Existenzminimum;
- die Ideen der Aufklärung (Freiheit, Gleichheit, Volkssouveränität).

Die Revolution im Überblick
- 5.5.1789: Ludwig XVI. beruft die Generalversammlung (der drei Stände) ein, um den drohenden Staatsbankrott zu verhindern. Eine Abstimmung nach Köpfen lehnt er ab und beharrt auf der Abstimmung nach Ständen.

- 17.6.1789: Die Abgeordneten des 3. Standes erklären sich im Ballhaus zur Nationalversammlung und fordern eine neue Verfassung (Ballhausschwur).
- **14.7.1789: Beginn der Revolution.** Pariser Bürger stürmen das Stadtgefängnis, die Bastille. Sie fordern „liberté, égalité, fraternité".
- 26.8.1789: Die Nationalversammlung verkündet die Menschen- und Bürgerrechte.
- 21.6.1791: Der Fluchtversuch der königlichen Familie ins Ausland scheitert, gibt jedoch den radikalen Forderungen nach einer Republik und damit der Abschaffung der Monarchie Auftrieb.
- 3.9.1791: Die Nationalversammlung beschließt eine neue **Verfassung**, die den Monarchen an die Verfassung bindet (Konstitutionelle Verfassung).
- 20.4.1792: Auf Druck der Nationalversammlung erklärt Ludwig XVI. Österreich und Preußen den Krieg.
- 21.9.1792: Die Nationalversammlung schafft die Monarchie ab, Frankreich ist nun eine Republik.
- 21.1.1793: Öffentliche Hinrichtung Ludwigs XVI.

Menschenrechte und konstitutionelle Monarchie

Die Verkündigung der **Menschen- und Bürgerrechte** (Freiheit, Widerstandsrecht, Volkssouveränität, Gewaltenteilung, Steuergleichheit, Meinungs-, Presse-, Glaubensfreiheit, Sicherung des Privateigentums) bedeutete die Abschaffung aller Privilegien der beiden ersten Stände. Gleiches Recht sollte nun für alle Franzosen gelten. Auf Druck der Nationalversammlung erließ der König im September **1791** eine **Verfassung**, die die konstitutionelle Monarchie begründete. Dies bedeutete eine Einschränkung der Macht des Königs, da er sich nun an die neue Verfassung (lat. constitutio) und die darin verankerte **Gewaltenteilung** (in Exekutive, Legislative und Judikative) halten musste.

Die Schreckensherrschaft der Jakobiner

Die missglückte Flucht der Königsfamilie radikalisierte die Revolution. Die Macht übernahmen nun extrem revolutionäre Gruppen, vor allem die Girondisten und die Jakobiner. Die **Girondisten** stammten aus der Landschaft Gironde, vertraten das Besitzbürgertum und forderten deshalb besonders den Schutz des Eigentums und die Freiheit der Wirtschaft. Die **Jakobiner** wurden nach ihrem Versammlungsort, dem Pariser Jakobskloster, benannt. Obwohl beide die Abschaffung der Monarchie vorangetrieben hatten, konkurrierten sie nun um die politische Macht. Die Jakobiner schalteten die Girondisten aus und die Nationalversammlung übertrug dem von den Jakobinern bestimmten „Wohlfahrtsausschuss" unter Führung von **Maximilien de Robespierre** die Macht.

Die **Jakobiner** strebten eine völlige Umgestaltung der französischen Gesellschaft an. Dafür errichtete der „Wohlfahrtsausschuss" eine blutige Schreckensherrschaft („la Grande Terreur"). Gegen innere Feinde (Anhänger der Monarchie, Girondisten, Kirchenvertreter etc.) gingen die „Revolutionstribunale" mit Hilfe von Verdächtigenlisten, Massenverhaftungen, Scheinprozessen und öffentlichen Hinrichtungen brutal vor. Ihr **Terror** richtete sich nicht nur gegen politische Gegner, sondern bald auch gegen Mitglieder der Nationalversammlung, revolutionäre Gesinnungsgenossen und sogar gegen führende Revolutionäre („Die Revolution frisst ihre Kinder"). Außerdem organisierte der „Sicherheitsausschuss" (weiteres Exekutivorgan der Jakobiner) den Krieg gegen eine europäische Koalition (Preußen, Österreich, England, Spanien) durch die „Levée en masse" (Wehrpflicht aller männlichen Franzosen zwischen 18 und 25).

3.2 Die Herrschaft Napoleons

Napoleons Aufstieg

1795–1799: Napoleon besiegt das zahlenmäßig weitaus größere österreichisch-italienische Heer.
1798–1801: Die Eroberung Ägyptens scheitert.
1799: Napoleon kehrt vorzeitig aus Ägypten zurück und erobert durch einen Staatsstreich die Macht. Er setzt das fünfköpfige Direktorium ab, das seit 1795 die Regierungsgewalt ausgeübt hatte, löst das Parlament auf und erklärt die Revolution für beendet. Die neue Regierung, die aus drei „Konsuln" besteht, wird von Napoleon als „Erstem Konsul" bestimmt.

> **Staatsstreich**
> Meist gewaltsame Aktion, die nicht vom Volk, sondern von einem hochrangigen Politiker oder vom Militär ausgeht („Revolution von oben"). Ziel ist es, die Regierung zu stürzen und die Macht zu übernehmen.

1802: Napoleon ernennt sich zum „Konsul auf Lebenszeit".
1804: **Napoleon** krönt sich in Paris in Anwesenheit des Papstes zum **„Kaiser der Franzosen"**.

Frankreich war damit wieder eine Monarchie. In den folgenden Jahren machte Napoleon aus Frankreich einen straff geführten Zentralstaat. Er vereinheitlichte das

Rechtswesen durch ein Rechtsgesetzbuch („Code Civil"), unterstellte die Départements (Verwaltungsbezirke) von ihm ernannten Präfekten, kontrollierte Frankreich mit Hilfe einer strikten Pressezensur und einer Geheimpolizei und zentralisierte das Erziehungswesen und die Wirtschaft.

> **Napoleon**
>
> Er kam 1769 als Nabulione Buonaparte in Ajaccio (Korsika) zur Welt. 1784 wurde er in die renommierteste Militärakademie Frankreichs (École royale militaire, Paris) aufgenommen. Dort machte er den Abschluss als Artillerieleutnant mit 16 Jahren. Die Revolution ermöglichte dem militärischen Talent eine steile Karriere: Er wurde entschiedener Republikaner und Jakobiner, profilierte sich als Artilleriekommandant durch die Eroberung der von England unterstützten antirevolutionären Stadt Toulon (1793) und wurde dafür mit 24 Jahren Brigadegeneral.

Napoleons Hegemonie auf dem Kontinent

Außenpolitisches Ziel Napoleons war die Schaffung eines großen europäischen Reiches unter französischer Herrschaft (Hegemonie). Dies bedeutete zahlreiche Kriege mit den Nachbarstaaten. Sein Ziel erreichte er durch eine Reihe von **militärischen Siegen**:
- 1805 gegen Österreich (bei Ulm) und Österreich-Russland (Dreikaiserschlacht von Austerlitz),
- 1806 gegen Preußen (Jena und Auerstedt) und
- 1809 erneut gegen Österreich (Wagram).

Allerdings erlitt er auch **Rückschläge**. 1805 unterlag die französische Flotte der britischen in der Seeschlacht von Trafalgar. Auch die danach von Napoleon verhängte Kontinentalsperre, die Großbritannien wirtschaftlich schwächen sollte, brachte trotz der Besetzung von Spanien, Portugal, Teilen Italiens und Norddeutschlands keinen Erfolg. Sie löste vielmehr in den besetzten Gebieten Aufstände aus, die die französischen Truppen rigoros niederschlugen. Daraus entstanden nach der Niederlage der „Großen Armee" in Russland die Befreiungskriege der europäischen Völker gegen die napoleonische Fremdherrschaft.

1810/1811 erreichte Napoleons Herrschaft über Europa ihren Höhepunkt. Mitglieder der Familie Bonaparte regierten Spanien, Neapel und das neu gegründete Königreich Westfalen. Die meisten Staaten des Kontinents waren offiziell Verbündete, in Wirklichkeit jedoch abhängig. Mit der Ausdehnung der Macht Napoleons wuchs jedoch auch der Widerstand gegen die französische Fremdherrschaft.

Napoleons Fall

Der Russlandfeldzug 1812

1810 kündigte Zar Alexander I. die Teilnahme an der französischen Kontinentalsperre auf. Daraufhin griff Napoleon Russland mit der größten internationalen Streitmacht der neueren Geschichte an. Dem über 600 000 Mann starken Heer gehörten neben den französischen Truppen solche aus Bayern, Westfalen, Sachsen, Preußen, Württemberg, Baden, Rheinhessen, Mecklenburg, Schweiz, Österreich, Polen, Italien und Portugal an. Die von den russischen Truppen angewandte Taktik der „verbrannten Erde" zwang die französische Armee trotz der Besetzung Moskaus im Oktober 1812 zum Rückzug.

Die Herrschaft Napoleons

Hunger, Kälte und permanente russische Angriffe machten aus dem Rückzug eine wilde Flucht. Nur ca. 30 000 Soldaten der „Großen Armee" überlebten den Feldzug.

Die Schlacht bei Waterloo 1815

In der Völkerschlacht von Leipzig (1813) besiegten englische, preußische, österreichische, russische und schwedischen Truppen die französische Armee. Napoleon musste auf seine Herrschaft verzichten und wurde auf die Insel Elba ins Exil geschickt. Im folgenden Jahr landete er mit 1000 Getreuen in Südfrankreich und stellte eine neue Armee auf. Im Juni 1815 schlugen britische und preußische Truppen Napoleon bei Waterloo (Belgien) entscheidend. Als Gefangener der englischen Regierung starb er 1821 auf der Insel St. Helena.

> **Besonders wichtig: Das Ende des Heiligen Römischen Reichs Deutscher Nation**
>
> In den Koalitionskriegen der europäischen Mächte gegen Frankreich gingen alle linksrheinischen deutschen Gebiete an Frankreich verloren. Die mit Frankreich verbündeten süddeutschen Staaten Bayern, Württemberg und Baden wurden durch den von Napoleon veranlassten **Reichsdeputationshauptschluss (1803)** entschädigt: Sie bekamen die geistlichen Fürstentümer, die ihre Hoheitsrechte und ihr Reichskirchengut verloren (Säkularisation) sowie die meisten freien Reichsstädte und zahlreiche bisher freie Reichsritterschaften (Mediatisierung). Die Fürsten erhielten dadurch größere, geschlossene Staatsgebiete und die wichtigsten sogar Standeserhöhungen: Württemberg und Bayern wurden 1805 bzw. 1806 Königreiche, Baden ein Großherzogtum.

1806 schlossen sich die drei süddeutschen Staaten und weitere 13 Fürsten zu einem **Rheinbund** zusammen. Sie traten aus dem „Heiligen Römischen Reich Deutscher Nation" aus und erkannten Napoleon als ihren Schutzherrn an. In Wirklichkeit wurden sie zu Satellitenstaaten Frankreichs. Deshalb legte Kaiser Franz II. die Römische Kaiserwürde nieder, nannte sich „Kaiser Franz I. von Österreich" und erklärte das Heilige Römische Reich Deutscher Nation für aufgelöst.

Das Heilige Römische Reich Deutscher Nation

Mit der Kaiserkrönung Ottos d. Gr. wird 962 das „Römische Reich" wieder fortgeführt. Ab 1157 wird es als „Heilig" bezeichnet und im 16. Jahrhundert kommt der Zusatz „Deutscher Nation" dazu. Zu ihm gehören mehrere hundert adelige Herrschaften und freie Reichsstädte.

Reformen in Deutschland

Mit der territorialen Neuordnung Deutschlands gingen umfassende Reformen in den Rheinbundstaaten und in Preußen Hand in Hand. Sie wurden durch drei Ursachen ausgelöst: Durch das Beispiel Frankreichs, durch dessen militärische Überlegenheit und durch die neuen Ideen des 19. Jahrhunderts. Diese waren **Liberalismus** (Freiheit, rechtliche und politische Gleichstellung), **Konstitutionalismus** (garantierte Grundrechte, Schutz des Einzelnen, Schutz des Eigentums, Bindung der Staatsgewalt an die Verfassung) und **Nationalismus** (Einheit der Nation).

Die Herrschaft Napoleons

Die Reformen bewirkten **moderne Verwaltungsstrukturen**. Bayern z. B. machte Graf Montgelas durch zahlreiche Reformen (Verwaltungs-, Wirtschafts-, Rechts-, Bildungsreform, religiöse Toleranz) zu einem modernen Staat mit einer Zentralregierung (in München), Mittelbehörden und kommunalen Verwaltungen. Adelsprivilegien wurden verringert, Zunftzwang und bäuerliche Abhängigkeitsverhältnisse aufgehoben. Liberales Gedankengut (z. B. erste politische Mitspracherechte für die reicheren Bürger, Zugang zu den Ämtern nach dem Leistungsprinzip, Religionsfreiheit, allgemeine Schulpflicht) fand Eingang in erste **von oben verordnete (oktroyierte) Verfassungen** (Bayern 1808 bzw. 1818, Württemberg 1819). Diese dienten der Vereinheitlichung der territorial vergrößerten Staaten.

In Preußen führten die **Freiherren vom Stein** und **von Hardenberg** umfassende Reformen durch. Bauernbefreiung, Bodenreform, Gewerbefreiheit, Aufhebung des Zunftzwangs, Modernisierung des Militärs und eine Bildungsreform sollten Preußen wieder alte Stärke zurückbringen.

4 Vom Wiener Kongress bis zur Revolution von 1848

QUICK-FINDER

4.1 Der Wiener Kongress (1814/15)
- Die Neuordnung Europas → **S. 43**
- Besonders wichtig: Der Deutsche Bund → **S. 44**

4.2 Restauration und Vormärz
- Die Restauration → **S. 45**
- Der Vormärz → **S. 45** Lern-Video

4.3 Die Revolution von 1848
- Ursachen → **S. 47**
- Verlauf → **S. 47**
- Die Paulskirchenversammlung → **S. 48**
- Die Reichsverfassung der Paulskirche → **S. 49**
- Das Scheitern des ersten deutschen Parlaments → **S. 49**
- Bedeutung und Bewertung der Paulskirche → **S. 51**

4.1 Der Wiener Kongress (1814/15)

Die Neuordnung Europas

Nach der Verbannung Napoleons trafen sich die Staatsmänner der großen europäischen Mächte und der deutschen Mittelmächte in Wien. Den Vorsitz führte der österreichische **Kanzler Metternich**, andere Hauptakteure waren der Brite Castlereagh, der Preuße Hardenberg, der Franzose Talleyrand und Zar Alexander I.

Sie hatten drei Hauptziele: Die territoriale und politische Neuordnung Europas nach dem Prinzip des Gleichgewichts der Großmächte, die Festlegung des Verhältnisses zu Frankreich und den Kampf gegen die „revolutionären" Ideen. Dabei ließen sie sich von folgenden Prinzipien leiten: Von der **Kontinuität** (=Restauration, Wiederherstellung vorrevolutionärer Verhältnisse), der **Legitimität** (Gottesgnadentum) und der **Solidarität**. Letztere fand ihre Umsetzung in der **Heiligen Allianz**, in der sich 1815 Zar Alexander I., Kaiser Franz I. von Österreich und König Friedrich Willhelm III. von Preußen Hilfe und Beistand gegen die „revolutionären" Ideen versprachen. Ihr traten fast alle europäischen Staaten bei.

Nach der Unterbrechung des Kongresses, bedingt durch die Rückkehr Napoleons, wurden folgende **territoriale Bestimmungen** beschlossen:
Russland erhält Finnland und den größten Teil des Herzogtums Polens („Kongresspolen") in Personalunion; England bekommt die Kapkolonie, Ceylon und Malta; Frankreich erleidet keine Gebietsverluste und bleibt (als Gegengewicht zu Russland) Großmacht; Österreich gibt seine Besitzungen am Rhein („österreichische Niederlan-

de") auf und „wächst aus Deutschland hinaus", bekommt dafür die Lombardei, Venetien und Teile des Balkans; Preußen erhält Vorpommern, Nordsachsen, die Rheinprovinz sowie Westfalen und „wächst nach Deutschland hinein"; Baden und Württemberg behalten ihren territorialen Bestand aus der Rheinbundzeit. Bayern erhält im Tausch gegen Tirol, Vorarlberg und Salzburg (an Österreich) Franken und Teile der Pfalz.

> ### Besonders wichtig: Der Deutsche Bund
>
> Zur gegenseitigen Sicherung ihrer Souveränität gründeten in Wien 35 souveräne deutsche Staaten und vier freie Reichsstädte (die Hansestädte Hamburg, Bremen, Lübeck sowie Frankfurt) einen Staatenbund, den „Deutschen Bund". Ihm gehörten Österreich und Preußen nur mit ihren deutschen Gebieten an. Mitglieder waren aufgrund ihrer Besitzungen in Deutschland auch die Könige von England (Hannover), der Niederlande (Luxemburg) und von Dänemark (Schleswig).
>
> > #### Staatenbund
> >
> > Im Gegensatz zum Bundesstaat (Zusammenschluss von Bundesländern mit starker Zentralgewalt) ist der Staatenbund ein lockerer Zusammenschluss unabhängiger Staaten mit schwacher Zentralgewalt.
>
> Die schwache Zentralgewalt war der **Bundestag zu Frankfurt**. Beschlüsse, an die die einzelnen Mitglieder nicht gebunden waren, konnte er nur einstimmig fassen. Zu einer einheitlichen Regelung in Rechts-, Wirtschafts-, Finanz- und Verkehrssachen

kam es nicht. Der Deutsche Bund war **reaktionär** (konservativ, fortschrittsfeindlich) und unterdrückte alle nationalen und liberalen Forderungen.

4.2 Restauration und Vormärz

Die Restauration

Die von den Fürsten betriebene Wiederherstellung der vorrevolutionären Verhältnisse (Restauration) bestimmte die ersten Jahrzehnte des 19. Jahrhunderts. Dagegen wandten sich vor allem die Teilnehmer an den napoleonischen Befreiungskriegen. Sie fühlten sich vom Wiener Kongress enttäuscht und von den Fürsten betrogen, da diese ihnen liberale Versprechungen gemacht hatten, die sie nun nicht einhielten. Insbesondere an den Universitäten und im Bürgertum war die Enttäuschung groß.

Der Vormärz

Lern-Video
www.sofatutor.com/klett/5w

Vormärz

Zeitraum zwischen Wiener Kongress (1814/15) und der deutschen Märzrevolution von 1848.

Die strikte Restaurationspolitik der Fürsten verschärfte die Spannungen zwischen dem liberalen und nationalen Bürgertum und den Fürsten zunehmend:

1817 Wartburgfest: Ca. 500 Studenten gedenken des Thesenanschlags Luthers (1517) und der Völkerschlacht von Leipzig (1813) und stellen nationale und liberale Forderungen. Ihr Bekenntnis lautet „Freiheit, Ehre, Vaterland".

Sie verbrennen Bücher konservativer Schriftsteller und Symbole der Unfreiheit (Beamtenzopf, Korporalstock, Husarenschnürleib).

1819 Karlsbader Beschlüsse: Nach der Ermordung des konservativen Dichters und Diplomaten August von Kotzebue durch den Studenten Karl Sand erlassen die Fürsten unter Führung des österreichischen Kanzlers Metternich die Karlsbader Beschlüsse. Sie beinhalten Pressezensur und Kontrolle der Vereine, strikte Überwachung der Universitäten, Verbot der Burschenschaften, Verfolgung der „Demagogen" (Volksverhetzer) und Einsetzung einer zentralen Untersuchungskommission für politische Straftaten in Mainz.

1832 Hambacher Fest: Die französische Juli-Revolution (1830) gibt der Opposition in Deutschland wieder Auftrieb. Ende Mai treffen sich ca. 30 000 Menschen aus allen Bevölkerungsschichten bei Hambach (in der bayerischen Pfalz) Sie fordern nationale Einheit, Freiheit und mehr Demokratie.

1833 Der Frankfurter Wachensturm: Anfang April versuchen etwa 50 Aufständische durch die gewaltsame Erstürmung der Hauptwache (Sitz der Stadtwache und Gefängnis) und der Konstablerwache (Polizeirevier im Zentrum Frankfurts a.M.) eine allgemeine Revolution auszulösen. Das Vorhaben schlägt fehl, es kommt erstmalig zu Blutvergießen (9 Tote) und die Fürsten unterdrücken die Opposition noch stärker.

1837 „Göttinger Sieben": In Hannover hebt König Ernst im August 1837 die landständische Verfassung von 1830 wieder auf. Sieben Professoren der Universität Göttingen, darunter die Gebrüder Grimm, protestieren dagegen, werden entlassen und des Landes verwiesen („Göttinger Sieben"). Sie werden zu Idolen der Liberalen und der revolutionär Gesinnten.

4.3 Die Revolution von 1848

Ursachen
- Enttäuschung und Verbitterung über die restaurative Politik der Fürsten;
- Aufklärung, Menschenrechts- und Demokratiebestrebungen der Französischen Revolution;
- Nationalismus, Liberalismus, Konstitutionalismus und deren Bekämpfung durch die restaurative Politik der Fürsten;
- zunehmende Politisierung des Volkes;
- Verarmung der Unterschicht in bestimmten Regionen (z. B. Weberaufstand 1849 in Schlesien).

Verlauf
Die Revolution verlief sehr unterschiedlich. In **Preußen** entstand sie aus Versehen. Am 18. März zogen Berliner Bürger vor das Stadtschloss, um sich bei Friedrich Wilhelm IV. für liberale Zugeständnisse zu bedanken. Versehentliche Schüsse nervöser Wachsoldaten lösten die Revolution aus. Nach blutigen Straßen- und Barrikadenkämpfen gab der König nach, machte Zugeständnisse an die Nationalbewegung („Fortan geht Preußen in Deutschland auf") und bildete ein liberales Kabinett.

In **Österreich** verstärkte die revolutionäre Stimmung die nationalen Ziele der ethnischen Minderheiten des Vielvölkerstaats. In Prag, in Oberitalien und in Ungarn kam es zu nationalen Erhebungen. Diese wurden von österreichischen Truppen blutig niedergeschlagen. Metternich wurde zwar gestürzt, aber sein Nachfolger, Fürst Schwarzenberg, unterdrückte jegliche Opposition.

Die Regierungen der **Mittel- und Kleinstaaten** gaben dem Druck der Öffentlichkeit rasch nach. Sie ernannten liberale Kabinette („Märzkabinette"), setzten auf Eis gelegte Verfassungen wieder in Kraft und machten liberale Zugeständnisse. Dadurch spalteten sie das Bürgertum und vermieden den Sturz der monarchischen Herrschaft.

Die Paulskirchenversammlung

Anfang März 1848 beschlossen die Führer der revolutionären Bewegung, meist süddeutsche Liberale und Demokraten, ein Vorparlament, das Wahlen für ein deutsches Parlament vorbereitete.

> **Parlament**
>
> Aus Wahlen hervorgegangene Volksvertretung in demokratischen Staaten. Das oberste Staatsorgan hat die Legislative (gesetzgebende Gewalt).

Am 18. Mai trat die Deutsche Nationalversammlung in ihrer Tagungsstätte, der Frankfurter Paulskirche (deshalb auch „Paulskirchenversammlung") zum ersten Mal zusammen.

Die Abgeordneten, die fast ausschließlich aus der bürgerlichen Oberschicht stammten, diskutierten kontrovers vier Hauptprobleme:

- **Staatsform**: Monarchie (Erblichkeit oder Wahl?) oder Republik?
- **Staatsgebiet**: Großdeutsch, d.h. mit Österreich (Gesamtösterreich oder nur Deutschösterreich?) oder kleindeutsch (ohne Österreich)?
- **Staatsorganisation**: Einheitsstaat mit starker Zentralgewalt (unitarisch) oder Bundesstaat mit starken Einzelstaaten (föderalistisch)?
- **Wahlrecht**: Allgemeines und gleiches Wahlrecht oder Zensuswahlrecht?

> **Zensuswahlrecht**
> Ungleiches Wahlrecht, bei dem das Gewicht einer Stimme vom Besitz bzw. der zu zahlenden Steuer des Wählers abhängt.

Die Arbeit der Abgeordneten wurde durch zahlreiche Probleme behindert: Sie hatten geringe parlamentarische Erfahrung, das „Honoratiorenparlament" (Honoratioren = angesehene Bürger) diskutierte zwar auf hohem Niveau, zeigte jedoch wenig Realitätssinn, war oft unfähig zum Kompromiss, hatte kein parlamentarisches Instrumentarium (Geschäftsordnung, Ausschüsse, Plenarsitzung etc.). Zudem fehlte das Geld und vor allem eine Exekutive, um Beschlüsse durchzusetzen.

Die Reichsverfassung der Paulskirche

Sie war die große Leistung des ersten deutschen Parlaments. Die Verfassung hatte folgende Schwerpunkte:
- Erbkaisertum (mit dem preußischen König als Kaiser);
- der Reichstag besteht aus zwei Häusern: der Vertretung der Einzelstaaten (adeliges Staatenhaus) und der Volksvertretung (Volkshaus);
- die Reichsregierung ist nur vom Kaiser abhängig;
- die Volksvertretung hat die Hauptlegislative;
- ein modernes Wahlrecht (allgemein, gleich, geheim, direkt) gilt für alle Männer über 25 Jahre;
- ein ausführlicher Katalog von Grundrechten sollte das Zusammenleben der Deutschen regeln.

Das Scheitern des ersten deutschen Parlaments

Am 30. April 1849 bot die Paulskirchenversammlung dem preußischen König Friedrich Wilhelm IV. die Kaiserkrone an. Als er sie mit der Begründung ablehnte, dass darüber die deutschen Fürsten zu entscheiden hätten, erlahmte der revolutionäre Schwung. Die meisten Staaten lehnten die Paulskirchenverfassung nun ab und zogen ihre Abgeordneten aus Frankfurt zurück. Das Rumpfparlament aus ca. 150 Radikalen verlegte am 31. Mai 1849 seinen Sitz nach Stuttgart. Es wurde am 18. Juni von württembergischen Truppen aufgelöst. Im Juli beendeten preußische Truppen letzte Aufstände radikaler Revolutionäre in Sachsen, der Rheinpfalz und Baden. Das liberal-nationale Bürgertum resignierte und zog sich ins Privatleben zurück (Biedermeier).

Die Gründe des Scheiterns
- Die Revolution wurde im Wesentlichen vom intellektuellen Bürgertum getragen. Das Besitzbürgertum dagegen sympathisierte mit dem Adel und der politischen Führungsschicht. Deshalb waren die revolutionären Kräfte zu zersplittert und handelten nicht einheitlich.
- Die Masse der Bevölkerung blieb monarchisch.
- Gewaltsame Aktionen süddeutscher Radikaler (z. B. Ausrufung einer „deutschen sozialen Republik" in Lörrach) wurden mit Billigung der Paulskirchenversammlung von regulären Truppen niedergeschlagen. Damit nahm der Rückhalt in der Bevölkerung ab.
- Die Nationalversammlung konnte ihre Beschlüsse gegen das Militär und die Beamtenschaft, die königstreu blieben, nicht durchsetzen.
- Die Nationalversammlung brauchte zu viel Zeit, so dass die Fürsten ihre Herrschaft im Verlauf des Jahres 1848 wieder stabilisieren konnten.

Bedeutung und Bewertung der Paulskirche

Trotz des Scheiterns der Paulskirche hatte das erste deutsche Parlament langfristig eine große Bedeutung. Die Entscheidung für die kleindeutsche Lösung und ein Erbkaisertum war gefallen; der Einheitsgedanke, Liberalismus, Konstitutionalismus und der ausführliche Katalog von Grundrechten konnten nicht mehr übergangen werden.

Verglichen mit den Modellrevolutionen von 1789 und 1917 (russische Oktoberrevolution) waren die Ereignisse des Jahres 1848/49 **keine wirkliche Revolution**. Die liberale Mehrheit wollte keine radikalen Veränderungen, hatte keine einheitlichen Ziele, keine Führungselite. Eine grundlegende Umstrukturierung wie z.B. die Abschaffung der Monarchie wurde von der Masse der Bürger nicht angestrebt. Man war mit Zugeständnissen der Fürsten zufrieden.

Zwischen 1849 und 1859 (Zeit der „Reaktion") errichteten die Fürsten in ihren Territorien wieder einen **konservativen Obrigkeitsstaat**. Sie nahmen die meisten liberalen Zugeständnisse wieder zurück und gingen hart gegen oppositionelle Kräfte vor. Diese wurden mit Hilfe eines Spitzel- und Agentenwesens verfolgt und ihre Rechte eingeschränkt. Neue Verfassungen mit (meist unbedeutenden) liberalen Elementen wurden **„oktroyiert"**, d.h. von „oben" aufgezwungen.

5 Das Kaiserreich

Die Ära Bismarck (1871–1890)

QUICK-FINDER

5.1 Die Reichsgründung
- Die preußische Heeresreform → **S. 53**
- Bismarcks politische Grundprinzipien → **S. 54**
- Preußen erringt die Hegemonie → **S. 55**
- Der Deutsch-Französische Krieg (1870/71) → **S. 56**
- Die Reichsgründung → **S. 58**
- Besonders wichtig: Die Verfassung von 1871 → **59**

5.2 Bismarcks Innenpolitik
- Der Kulturkampf (1871–1878) → **S. 61**
- Das Sozialistengesetz (1878–1890) → **63**
- Die staatliche Sozialgesetzgebung → **64**
- Bismarck und die Liberalen → **S. 65**

5.3 Bismarcks Außenpolitik   💺 Lern-Video
- Grundlagen → **S. 65**
- Bismarcks Bündnissystem → **S. 66**
- Die Beurteilung Bismarcks → **S. 67**

Die Ära Bismarck (1871–1890)

5.1 Die Reichsgründung

Die preußische Heeresreform

In der ersten Hälfte des 19. Jahrhunderts kämpften die deutschen Großmächte Österreich und Preußen um die **Hegemonie in Deutschland**.

> **Hegemonie**
>
> (griech. hegemonia = Führung): Politische, militärische und wirtschaftliche Vorherrschaft eines Staates in einem bestimmten Raum oder innerhalb eines Bündnisses.

Die Entscheidung musste auf dem Schlachtfeld fallen. Deshalb plante der preußische König Wilhelm I. 1860 eine umfassende Heeresreform. Das mehrheitlich liberale preußische Abgeordnetenhaus, die Volksvertretung, befürchtete, der König wolle das „monarchische Prinzip" (der Soldat ist Untertan) zu stark gegenüber dem „liberalen Prinzip" (der Soldat ist „Staatsbürger in des Königs Rock") betonen. Da das Abgeordnetenhaus zwar das Budgetrecht (Festlegung des Staatshaushalts) hatte, der König aber für das Militär zuständig war, entstand ein **Verfassungsstreit**.

Wilhelm I. wollte 1862 abdanken. Auf Anraten seines Kriegsministers von Roon ernannte er den extrem preußisch-konservativen, monarchischen **Otto von Bismarck** zum Ministerpräsidenten. Dieser „löste" den Konflikt mit seiner **„Lückentheorie"**: Der Konflikt habe eine Verfassungslücke aufgezeigt, die zu einer Unregierbarkeit Preußens führe. Deshalb habe die Entscheidung derjenige, der die Verfassung gegeben habe, also der König.

Das Kaiserreich

> **Bismarck**
>
> Otto Eduard Leopold von B.-Schönhausen (1815–1898) studierte Rechtswissenschaft, verwaltete die Familiengüter in Sachsen-Anhalt und Pommern und vertrat Preußens Interessen ebenso konservativ wie kämpferisch als Gesandter beim Frankfurter Bundestag. 1859–1862 war er Gesandter in St. Petersburg, 1872 in Paris; 1862 preußischer Ministerpräsident, von 1871 bis 1890 Reichskanzler.

Bismarcks politische Grundprinzipien

Bismarcks Politik basierte auf folgenden Prinzipien:
- Erhaltung der Monarchie;
- Erreichen der Hegemonie Preußens in Deutschland und der Rolle einer europäischen Großmacht;
- Staatsegoismus: Eigennutz ist die Grundlage eines gesunden Staates;
- Konvenienzprinzip (auch „Politik der freien Hand"): Bismarck legte sich bei der Wahl von Bündnispartnern ideologisch oder politisch nicht fest, sondern machte sie von der jeweiligen Situation abhängig. An den entscheidenden innenpolitisch-ideologischen Grundlagen (monarchisch, antiliberal, antidemokratisch, antisozialistisch) hielt er jedoch immer fest;
- Konfliktverschärfung durch Schaffung von „Reichsfeinden";
- Die „deutsche Frage": Die nationale Einheit ist Mittel zur Erreichung der preußischen Vorherrschaft;
- Kabinetts- und Geheimdiplomatie;
- Krieg als politisches Mittel.

Die Ära Bismarck (1871–1890)

Preußen erringt die Hegemonie
Die Hegemonie erreichte Bismarck durch zwei Kriege:

Der Deutsch-Dänische Krieg (1864)
1863 versuchte der dänische König Christian IV. Schleswig seinem Königreich widerrechtlich einzuverleiben. Auf Initiative des Deutschen Bundes führten die beiden deutschen Großmächte 1864 einen siegreichen Krieg gegen Dänemark. Wegen der Verwaltung der Herzogtümer Schleswig (durch Preußen) und Holstein (durch Österreich) kam es zu Streitigkeiten.

Der Deutsche Krieg (1866)
Bismarck verschärfte den Konflikt und löste dadurch bewusst den Deutschen Krieg aus. Preußen, das von 18 nord- und mitteldeutschen Staaten unterstützt wurde, besiegte Österreich und 13 süddeutsche Staaten am 3. Juli aufgrund seiner modernen Bewaffnung und besseren Taktik in der Entscheidungsschlacht bei Königgrätz (Nordostböhmen) entscheidend.

Ergebnisse des Deutschen Krieges
- Preußen annektierte die norddeutschen Staaten, die Österreich unterstützt hatten und gründete den **Norddeutschen Bund**. Dessen Grundlage wurde eine von Bismarck konzipierte, auf Preußen und ihn zugeschnittene Verfassung.
- Die süddeutschen Staaten schlossen geheime Schutz- und Trutzbündnisse mit Preußen.
- Österreich schied aus der deutschen Politik aus und konzentrierte sich von nun an auf die Probleme seines Vielvölkerstaates.
- Die kleindeutsche Lösung hatte sich durchgesetzt, Preußen war nun eine europäische Großmacht.

- Der Erfolg rechtfertigte Bismarcks Vorgehen von 1862 und das preußische Abgeordnetenhaus sprach ihm nachträglich die Indemnität (Straffreiheit) aus.

Der Deutsch-Französische Krieg (1870/71)

Ursachen
Im Februar 1870 wurde Leopold von Hohenzollern-Sigmaringen, einem Verwandten des preußischen Königs, der spanische Königsthron angeboten. Bismarck unterstützte aus politischen und strategischen Gründen die Thronkandidatur. Ihr vorzeitiges Bekanntwerden löste in Frankreich heftige Reaktionen aus, da man eine deutsch-spanische Umklammerung befürchtete. Zunächst erklärte Wilhelm I., die Kandidatur des süddeutschen, katholischen Hohenzollern gehe Preußen nichts an. Damit gab sich Frankreich nicht zufrieden. Deshalb veranlasste Wilhelm den Verzicht Leopolds, was eine diplomatische Niederlage Preußens bedeutete.

Die „Emser Depesche"
Frankreich wollte diese Niederlage vertiefen. Der französische Botschafter Graf Benedetti forderte vom König, der in Bad Ems zur Kur weilte, den Verzicht eines Hohenzollern auf den spanischen Thron für alle Zeit. Dabei trat er dem König gegenüber in undiplomatischer und unhöflicher Weise auf. Frankreichs Vorgehen wurde in Deutschland und im Ausland als beleidigend angesehen. Wilhelm I. ließ Bismarck telegrafisch über die Forderung und das Auftreten Benedettis unterrichten („Emser Depesche"). Bismarck verkürzte die Emser Depesche, verschärfte sie dadurch und ließ sie veröffentlichen.

Für Bismarck war ein Krieg die „Fortsetzung der Politik mit anderen Mitteln". Voraussetzung war jedoch für ihn, dass sich Preußen militärisch und diplomatisch in einer günstigen Situation befand. Da diese Voraussetzungen 1870 erfüllt waren, provozierte er den Krieg durch die Emser Depesche. Nun sah sich Frankreich in seiner Ehre verletzt und erklärte am 19. Juli 1870 Preußen den Krieg.

Verlauf

England, Russland und Österreich erklärten sich für neutral, die süddeutschen Staaten sahen den Bündnisfall als gegeben an und unterstellten ihre Armeen der preußischen Führung. Die deutschen Truppen drangen schnell vor und gewannen die ersten Schlachten im deutsch-französischen Grenzgebiet (Wörth, Spicherer Höhen, Gravelotte, St. Privat).

Nach der Niederlage bei Sedan kapitulierte Frankreich am 2. September 1870. Napoleon III. wurde gefangen genommen und in Kassel inhaftiert. Ein erneutes Aufflackern des Krieges nach Ausrufung der Republik in Frankreich endete schließlich mit der Einnahme von Paris (Januar 1871). Für den schnellen und von Militärexperten nicht erwarteten deutschen Sieg gab es zwei Gründe: Die modernere Ausrüstung und die bessere Strategie (z. B. Transport der deutschen Truppen per Eisenbahn).

Ergebnisse

Da Bismarck die Einmischung anderer Mächte verhindern wollte, setzte er gegen den Willen der Militärs einen für Frankreich milden Frieden durch, um das Eingreifen des Auslands zu vermeiden:

- Frankreich trat Elsass-Lothringen an das Reich ab und zahlte eine Kriegsentschädigung von 5 Mrd. Francs.

- Die deutsch-französische Erbfeindschaft vertiefte sich.
- Die **Reichsgründung**, die von der überwiegenden Mehrheit der Deutschen begeistert aufgenommen wurde, war ausschließlich eine Sache der Fürsten. Das Volk war in keiner Weise beteiligt.
- Das Ausland betrachtete die Reichsgründung je nach politischem Standort unterschiedlich. Es überwog ein Misstrauen gegenüber dem Deutschen Reich, das seine Einheit in sehr kurzer Zeit und militärisch überzeugend errungen hatte.
- Das kontinentale Mächtegleichgewicht hatte sich wesentlich verändert.

Diese Ergebnisse bestimmten **Bismarcks Außenpolitik** maßgeblich. Sein vorrangiges Ziel sah er deshalb in der Beschwichtigung der anderen Großmächte. Dies erreichte er durch die Erklärung, das Deutsche Reich sei „saturiert" (gesättigt) und strebe keinen weiteren Machtzuwachs an.

Die Reichsgründung

Noch während des Kriegs erreichte Bismarck von den süddeutschen Staaten den Beitritt zum Norddeutschen Bund durch das Zugeständnis von Reservatrechten (z.B. Selbstverwaltung von Post und Bahn, Mitsprache bei der Heeresorganisation etc.). Der bayerische König Ludwig II. bot in einem von Bismarck formulierten Brief dem preußischen König die Kaiserkrone an. Wilhelm I. zögerte, da ihm der Titel „deutscher Kaiser" zu nichtssagend schien. Bismarck überzeugte Wilhelm, die Kaiserkrone im Interesse Preußens anzunehmen. Daraufhin erfolgte am **18.1.1871** im Spiegelsaal zu Versailles die **Proklamation** (feierliche Ausrufung) des **Deutschen Reichs**.

Die Ära Bismarck (1871–1890)

Besonders wichtig: Die Verfassung von 1871

Charakteristika

- Da die Reichsverfassung aus einem Vertrag der Fürsten entstand, war die politische Beteiligung des Volkes schwach.
- Sie war sehr föderalistisch und vergleichsweise liberal. Den Einzelstaaten blieben viele Rechte (eigene Verfassungen, eigene Gesetzgebung, eigene Verwaltung, Kultur- und Steuerhoheit) und das Wahlrecht (für den Reichstag) war ausgesprochen modern.
- Der Bundesrat, die Vertretung der Fürsten, hatte weitreichende Kompetenzen und war stark.
- Die stärkste Institution war die Exekutive (Kaiser) und die von ihm ernannte Reichsregierung. Die Regierung war allein dem Kaiser verantwortlich.

Exekutive

(Vollziehende Gewalt = Regierung). Eine der drei Säulen einer Demokratie. Die anderen Säulen sind die Legislative (gesetzgebende) und die Judikative (richterliche Gewalt). Die drei Gewalten kontrollieren sich gegenseitig (Gewaltenteilung).

- Der Reichstag hatte das Budgetrecht, aber nur eine geringe Mitwirkung an der Legislative (suspensives, d.h. aufschiebendes Veto). Er war deshalb schwach.
- Bismarck hatte als preußischer Ministerpräsident, Reichskanzler und Vorsitzender des Bundesrats die entscheidenden Schlüsselpositionen inne. Er war damit de facto der mächtigste Mann im Deutschen Reich.

Das Kaiserreich

Bedeutung
Das Hauptproblem bestand darin, dass die Macht sehr ungleich verteilt und der Staat damit abhängig war von einer fähigen Exekutive (Kaiser und/oder Reichskanzler).

Die Verfassung des Deutschen Reiches (1871)

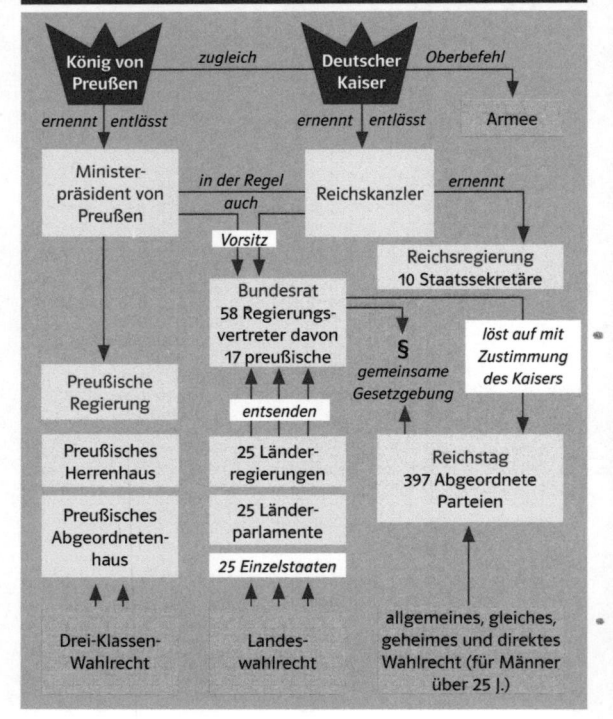

- **König von Preußen** — zugleich — **Deutscher Kaiser** — Oberbefehl → Armee
- *ernennt | entlässt* (König von Preußen) → **Ministerpräsident von Preußen**
- *ernennt | entlässt* (Deutscher Kaiser) → **Reichskanzler**
- Ministerpräsident von Preußen — *in der Regel auch* — Reichskanzler
- Reichskanzler — *Vorsitz* → **Bundesrat: 58 Regierungsvertreter davon 17 preußische**
- Reichskanzler — *ernennt* → **Reichsregierung: 10 Staatssekretäre**
- Ministerpräsident von Preußen → **Preußische Regierung** → **Preußisches Herrenhaus** / **Preußisches Abgeordnetenhaus**
- **Drei-Klassen-Wahlrecht** ↑ Preußisches Abgeordnetenhaus / Herrenhaus
- **25 Einzelstaaten** → **25 Länderparlamente** → **25 Länderregierungen** — *entsenden* → Bundesrat
- **Landeswahlrecht** ↑ Länderparlamente
- **Reichstag: 397 Abgeordnete, Parteien**
- Bundesrat § *gemeinsame Gesetzgebung* § Reichstag
- Kaiser *löst auf mit Zustimmung des Kaisers* → Reichstag
- **allgemeines, gleiches, geheimes und direktes Wahlrecht (für Männer über 25 J.)** ↑ Reichstag

5.2 Bismarcks Innenpolitik

Der Kulturkampf (1871–1878)

Ursachen

Bismarck war ein strikter Befürworter der **Trennung von Staat und Kirche**. Deshalb begegnete er dem 1870 gegründeten **Zentrum**, der politischen Interessenvertretung des Katholizismus, mit großem Misstrauen. Für ihn war die neue Partei das Sammelbecken aller oppositionellen Kräfte (Katholiken, Welfen, süddeutsche antipreußische Kräfte, Polen, Elsässer, Gegner der kleindeutschen Lösung).

Im gleichen Jahr erließ Papst Pius IX. das **Unfehlbarkeitsdogma**, das die päpstliche Autorität, die Bindung der nationalen katholischen Kirchen an Rom und den Kampf gegen den Liberalismus betonte. Es wurde von der protestantischen Kirche, den Liberalen und einigen katholischen Gruppen abgelehnt.

> **Dogma**
>
> (griech.: Meinung, Lehrsatz)
> Hier: verbindlicher Glaubenslehrsatz der katholischen Kirche.

Zentrumsgründung und Unfehlbarkeitsdogma verschärften den Konflikt zwischen modernem Nationalstaat und katholischer Kirche.

Maßnahmen

Bismarcks Ziel war es, den von Rom aus gelenkten Katholizismus als politische Kraft auszuschalten. Dabei ging er zwischen 1871 und 1875 in Preußen und im Deutschen Reich mit folgenden Maßnahmen vor, die zum Teil rechtsstaatlich umstritten waren:

Das Kaiserreich

- Aufhebung der katholischen Abteilung im preußischen Kultusministerium;
- „Kanzelparagraf" (Geistliche dürfen staatliche Angelegenheiten in ihrem Amt nicht kritisch behandeln);
- Jesuitengesetz (Auflösung des Jesuitenordens, der geistigen „Speerspitze des Papsttums");
- die staatliche Schulaufsicht ersetzt die kirchliche;
- Geistliche brauchen ein staatliches „Kulturexamen";
- Ausweitung des staatlichen Aufsichtsrechts über die Kirche;
- Beschränkung der kirchlichen Disziplinargewalt;
- staatliches Mitspracherecht bei der Einstellung von Geistlichen; Expatriierungsgesetz (Ausweisung missliebiger Geistlicher);
- „Brotkorbgesetz" (Einstellung aller staatlichen Leistungen an die katholische Kirche);
- „Klostergesetz" (Auflösung aller Klöster bzw. Orden mit Ausnahme der Krankenpflegeorden);
- Einführung der obligatorischen Zivilehe.

Ergebnis

Auf dem Höhepunkt des Kulturkampfes waren alle preußischen Bischofssitze und ein Viertel aller preußischen (katholischen) Pfarreien nicht besetzt. Dennoch hatten die staatlichen Maßnahmen keinen Erfolg. Die Katholiken im Reich schlossen sich enger zusammen, das Zentrum wurde bei den Reichstagswahlen von 1874 zweitstärkste Partei und die Opposition gegen Bismarcks radikales Vorgehen wuchs. Diese Entwicklung und der Bruch mit den Nationalliberalen zwangen Bismarck 1878, den Kulturkampf einzustellen und fast alle Kulturkampfgesetze zurückzunehmen. Nur das Jesuitengesetz (bis 1904), das Schulaufsichtsgesetz und die Zivilehe blieben bestehen. Bismarcks rabiates Vorgehen vergiftete die innenpolitische Atmosphäre.

Das Sozialistengesetz (1878 – 1890)

In den 1870er-Jahren entstand aus dem Allgemeinen Deutschen Arbeiterverein (ADAV) und der Sozialdemokratischen Arbeiterpartei Deutschlands (SDAP) die Sozialistische Arbeiterpartei Deutschlands (SAP), die sich 1890 in **„Sozialdemokratische Partei Deutschlands"** (SPD) umbenannte. Sie war die politische Interessenvertretung der Arbeiterschaft. In den Reichstagswahlen von 1874 und 1877 erreichte sie große Stimmengewinne. Bismarck sah die Sozialdemokratie aufgrund ihres internationalen Charakters (Marx: „Proletarier aller Länder, vereinigt euch!") als Keimzelle einer sozialistischen Revolution an.

> **Sozialismus**
>
> (lat. socius = Genosse): Von Karl Marx entworfene Übergangsgesellschaft vom Kapitalismus zum Kommunismus. Sie ist bestimmt von der Vergesellschaftung der Produktionsmittel und der Diktatur des Proletariats (d. h. der Arbeiterklasse).

Zwei Attentate auf den Kaiser (1878) gaben ihm die Möglichkeit, die Sozialdemokraten als Reichsfeinde zu verteufeln. Obwohl die SPD mit den Attentaten nichts zu tun hatte, erreichte er im Reichstag das „Gesetz wider die gemeingefährlichen Bestrebungen der Sozialdemokratie" (Sozialistengesetz). Es galt bis 1890 und sollte die Sozialdemokratie und die Gewerkschaften mit folgenden Maßnahmen zerschlagen:

- Verbot sozialistischer und sozialdemokratischer Vereine, Druckerzeugnisse und Versammlungen.
- Ausweisung bzw. Inhaftierung von Personen, die die „Ordnung gefährden".

Die SPD selbst wurde nicht verboten, da ein Zusammenhang zwischen ihr und den beiden Attentaten nicht nachweisbar war.

Bismarck erreichte sein Ziel nicht. Sein Vorgehen verstärkte vielmehr die Solidarität der Arbeiter. Die SPD setzte die politische Arbeit durch Arbeitersportvereine und Arbeitergesangvereine fort. Die Parteischriften wurden im Ausland gedruckt und heimlich verteilt. Die SPD konnte ihre Wählerschaft zwischen 1887 und 1890 von 0,7 auf 1,4 Mio. verdoppeln und ihre politische Bedeutung kontinuierlich vergrößern. Ebenso wie der Kulturkampf vergiftete auch Bismarcks Vorgehen gegen die Sozialdemokratie die politische und gesellschaftliche Atmosphäre.

Die staatliche Sozialgesetzgebung

In den 1880er-Jahren verbesserte Bismarck durch Sozialgesetze die schlechte Lage der Arbeiterschaft. Er wollte sie dadurch für den Staat gewinnen und der SPD „den Wind aus den Segeln nehmen":

1883 führte er die Krankenversicherung ein (Arbeitnehmer bezahlen 2/3, Arbeitgeber 1/3), 1884 die Unfallversicherung (die Kosten tragen die Arbeitgeber) und 1889 die Renten- und Invaliditätsversicherung (je 50 %).

Diese Gesetze verbesserten die Lage der Betroffenen nicht wesentlich, da grundlegende Probleme (lange Arbeitszeiten, geringe Löhne, Abhängigkeit von den Arbeitgebern) nicht angegangen wurden. Langfristig gesehen war die Sozialgesetzgebung Bismarcks jedoch der Ausgangspunkt für die Entwicklung des modernen Sozialstaates.

Bismarck und die Liberalen
Nach der Reichsgründung unterstützten die Liberalen zunächst Bismarck. Sein antidemokratischer Kurs spaltete sie jedoch und führte schließlich zum endgültigen Bruch mit dem aus ihrer Sicht reaktionären Bismarck.

5.3 Bismarcks Außenpolitik

Lern-Video — www.sofatutor.com/klett/5x

Grundlagen
Der Sieg über Frankreich und die Gründung des Deutschen Reichs hatten das Kräfteverhältnis auf dem Kontinent verändert und das Misstrauen der anderen Großmächte hervorgerufen. Daraus ergaben sich für Bismarck folgende Grundlagen seiner Außenpolitik, die er in seinem „Kissinger Diktat" von 1877 formulierte:
- Demonstration der Saturiertheit durch Verzicht auf territoriale Ansprüche und Kolonien.
- Sicherheit für das junge Deutsche Reich durch Beteiligung an allen bedeutenden europäischen Bündnissen.
- Stabilisierung des europäischen Mächtegleichgewichts.
- Förderung von Konflikten oder Kriegen, damit Deutschland als Partner und Vermittler Einfluss auf die europäische Politik nehmen kann.

- Abdrängung von Konflikten an die Peripherie Europas (Balkan) oder nach Übersee (Kolonien).
- Isolierung Frankreichs.

Bismarcks Bündnissystem

Die komplizierte deutsche Außen- und Bündnispolitik betrieb Bismarck mit folgenden Abkommen bzw. Verträgen:

- **1873 Dreikaiserabkommen** zwischen den Monarchen Russlands, Österreich-Ungarns und des Deutschen Reichs. Inhalt: Beratungen bei wichtigen außenpolitischen Entscheidungen.
- **1878 Berliner Kongress:** Er sollte die territorial-politischen Verhältnisse auf dem Balkan klären. Bismarck trat als „ehrlicher Makler" zwischen den europäischen Großmächten auf und konnte einen Krieg verhindern.
- **1879 Zweibund** Österreich-Ungarn – Deutsches Reich: Er verpflichtete die Bündnispartner zum Beistand im Falle eines russischen Angriffs.
- **1881 Dreikaiservertrag** zwischen dem Deutschen Reich, Österreich-Ungarn und Russland als Erneuerung des Dreikaiserabkommens.
- **1882 Dreibund** zwischen dem Deutschen Reich, Österreich-Ungarn und Italien: Er verpflichtete die Mitgliedsstaaten zum Beistand im Falle eines französischen Angriffs und zu wohlwollender Neutralität im Falle des Angriffs einer anderen Macht.
- **1887 Rückversicherungsvertrag** zwischen dem Deutschen Reich und Russland. Er verhinderte ein russisch-französisches Bündnis.

- **1887 Mittelmeerabkommen** zwischen Großbritannien, Italien und Österreich-Ungarn. Das von Bismarck angeregte Abkommen isolierte Frankreich völlig.

Die Beurteilung Bismarcks

Es muss unterschieden werden zwischen dem weitsichtigen und fähigen **Außenpolitiker** und dem **Innenpolitiker**, der wenig Gespür für die neuen, unabwendbaren Entwicklungen seiner Zeit besaß. Zwischen 1866 und 1945 wurde Bismarck fast ausschließlich als Außenpolitiker gesehen und verherrlicht. Er war der „geniale Schöpfer" des Deutschen Reichs und der „eiserne Kanzler", der seine Ziele auch mit „Blut und Eisen" erreicht hatte.

Seit 1945 berücksichtigt die Beurteilung seine innen- und außenpolitischen Gewinne, Niederlagen und Methoden sowie die Ergebnisse seiner Politik.

Lehrer-Tipp: Seriöse Quellen im Internet

„Viele Schüler sind unsicher, wenn es um die Recherche im Internet für z. B. Referate geht. Denn sie wissen nicht, wann eine Quelle seriös ist und wann nicht. Ich habe einen Tipp: www.dhm.de/lemo. Das ist eine Seite im Internet, die dir viele verlässliche Infos von der Gründung des Deutsches Reichs (1871) bis zur Gegenwart liefert.

Hier findest du neben ausführlichen Erklärungen zu allen relevanten geschichtlichen Ereignissen auch viele Bilder, originale Ton- und sogar Film-Dokumente."

Walter Göbel, Gymnasiallehrer in Würzburg

5 Das Kaiserreich

Die Wilhelminische Ära (1890–1918)

QUICK-FINDER

5.4 Deutschland bis 1914
- Grundzüge der Wilhelminischen Ära ➙ **S. 69**
- Gesellschaft und Politik ➙ **S. 70**
- Parteien und Massenorganisationen ➙ **S. 70**

5.5 Die Industrielle Revolution 📺 Lern-Video
- Definition ➙ **S. 71**
- Modellfall England ➙ **S. 72**
- Die wirtschaftliche Rückständigkeit Deutschlands ➙ **S. 72**
- Die Industrielle Revolution in Deutschland ➙ **S. 73**

5.6 Die soziale Frage
- Charakteristika ➙ **S. 74**
- Lösungsversuche ➙ **S. 75**

5.4 Deutschland bis 1914

Grundzüge der Wilhelminischen Ära

Am 9.3.1888 starb Wilhelm I.; sein todkranker Sohn Friedrich III. regierte nur 99 Tage. Ihm folgte der 29-jährige Wilhelm II. Wachsende Spannungen zwischen dem alten, erfahrenen Bismarck und dem jungen, ungestümen Wilhelm II., der die Politik selbst bestimmen wollte, führten 1890 zur Entlassung des „eisernen Kanzlers". Wilhelm verkündete zwar, der Kurs bleibe der alte, die politischen Strukturen veränderten sich jedoch grundlegend.

- **Politische Charakteristika des neuen Kurses:** Autoritärer Regierungsstil Wilhelms II., oft lautstarkes, ungeschicktes Auftreten. Dies und sein fehlender Weitblick schufen immer wieder innen- und außenpolitische Probleme. Bismarcks Bündnispolitik wurde zugunsten einer starken Bindung an Österreich aufgegeben und die militärische Drohung Mittel der Diplomatie.
- **Militärische Besonderheiten:** Der gesellschaftliche und politische Führungsanspruch des Militärs verstärkte sich und der Flottenbau verschärfte den europäischen Rüstungswettlauf.
- **Außenpolitische Charakteristika:** Der Kaiser forderte lautstark die Weltmachtstellung des Deutschen Reichs. Dadurch schuf er neue Konflikte oder verstärkte bereits bestehende Spannungen.

> **Wilhelm II.**
>
> (27.1.1859 – 4.6.1941) Enkel von Wilhelm I. und der englischen Königin Victoria. Seine schwierige Geburt führte zu einer dauerhaften Lähmung und

> Verkürzung des linken Arms, worunter er Zeit seines Lebens litt. Er verbrachte eine freudlose Kindheit und trat nach dem Abitur den Militärdienst an. Wilhelm II. versuchte seine Behinderung zu verbergen bzw. durch militaristisches, oft lautstarkes Auftreten auszugleichen. Er war zudem antisemitisch, antidemokratisch und antisozialdemokratisch.

Gesellschaft und Politik

Adel und Kirchen schlossen das „Bündnis von Thron und Altar" mit dem Ziel, die bestehenden gesellschaftspolitischen Verhältnisse zu erhalten. Armee, Verwaltung und Justiz waren die entscheidenden und privilegierten Institutionen. Sie waren Adel und hohem Bürgertum vorbehalten, die deshalb streng monarchisch gesinnt waren. Adel und Bürgertum wurden zu den Trägern und Vermittlern der maßgeblichen politischen Werte (Monarchismus, Patriotismus, Ehre, Treue, Gehorsam und Pflichterfüllung).

Parteien und Massenorganisationen

Sie gewinnen im letzten Viertel des 19. Jahrhunderts zunehmend an Bedeutung. Ihre Programme, ihre Ziele und ihr Auftreten verdeutlichen die wachsenden gesellschaftlichen und politischen Spannungen im Kaiserreich.

- Die **Konservative Partei**: Die extrem preußisch-konservativen Mitglieder verteidigten die Monarchie von Gottes Gnaden und bekämpften die „fortschreitende Auflösung der Gesellschaft" sowie den „jüdischen Einfluss". Der nationalen Einigung und der Politik Bismarcks standen sie misstrauisch gegenüber.
- Die **Freikonservative Partei** (preußisch, monarchisch) unterstützte Bismarck vorbehaltlos.

- Die **National-liberale Partei** war sehr patriotisch und forderte innenpolitisch bürgerliche Freiheit, Gleichberechtigung und eine machtbewusste Außenpolitik.
- Die **Deutsche Fortschrittspartei** hatte folgende Ziele: modernes Wahlrecht, parlamentarische Kontrolle der Regierung, Trennung von Staat und Kirche. Sie lehnte die Politik Bismarcks ab.
- Das **Zentrum** vertrat die katholischen Interessen und bekämpfte Liberalismus und Sozialismus.
- Die **Sozialdemokratische Partei Deutschlands** vertrat die Arbeiterschaft, forderte Sozialismus, Demokratie und die Republik. Ihre Revolutionsbereitschaft war nur gering, mehrheitlich vertrat sie eine evolutionäre Verbesserung der Verhältnisse für die Arbeiterschaft.
- Weitere Massenorganisationen: Gewerkschaften, Centralverband deutscher Industrieller, Bund der Industriellen, Bund der Landwirte, Deutscher Flottenverein und der extrem nationalistische Alldeutsche Verband.

5.5 Die Industrielle Revolution

Lern-Video
www.sofatutor.com/klett/5y

Definition
Übergang eines Landes von der Agrar- zur Industriegesellschaft. Diese Phase ist gekennzeichnet durch maschinelle Massenproduktion in Fabriken, arbeitsteilige Produktion, sprunghaften Anstieg der Produktion, Lohnarbeit als Erwerbsform der Arbeiterschaft sowie Landflucht und Verstädterung von Industriezentren. „Industrialisierung" dagegen meint den langen, kontinuierlichen, wirtschaftlichen und gesellschaftlichen Entwicklungsprozess eines Landes.

Modellfall England

Die Industrielle Revolution setzte zuerst in England in den 70er-Jahren des 18. Jahrhunderts ein. Voraussetzungen waren der explosionsartige Anstieg der Bevölkerung seit Beginn des 18. Jahrhunderts und günstige wirtschaftliche, gesellschaftliche, politische und geographisch-geologische Rahmenbedingungen wie Handelsfreiheit, gesellschaftliche Mobilität, konstitutionelle Monarchie, geschlossenes Staats- und Wirtschaftsgebiet, Kolonien (billige Rohstoffe, gute Absatzmärkte), Häfen, ausreichend Kohle und Erz.

Der „Motor" der Industriellen Revolution in England war zunächst die Textilindustrie und später die Schwerindustrie. Beide Bereiche brachten zahlreiche wegweisende technische Erfindungen hervor (z. B. mechanischer Webstuhl, Spinnmaschine, Gussstahl, Dampfmaschine, Eisenbahn). Die rasche wirtschaftliche und technische Entwicklung brachte aber auch gravierende soziale, wirtschaftliche und politische Probleme mit sich: Rasches Wachstum der Städte und Bildung von Slums, Entstehung von Ballungsräumen, Massenarmut, Proletarisierung der unteren Volksschicht und Verschärfung der Klassengegensätze.

Die wirtschaftliche Rückständigkeit Deutschlands

Sie hatte folgende Ursachen:
- **Partikularismus** (territoriale Klein- und Kleinststaaterei, kleine Märkte, Handelsbeschränkungen);
- **Absolutismus** (merkantilistische Wirtschaftspolitik; kein selbständiges Bürgertum, der konservative Adel ist an Industrialisierung nicht interessiert);

- **starre Klassengesellschaft**, unfreie Stellung des Bauerntums, Zünfte;
- **mangelhaftes Bildungssystem**, geringes technisches Wissen und Können;
- **keine Kolonien**, kein Überseehandel, teure Rohstoffe;
- **schwach entwickelte Infrastruktur** (Straßen, Verkehrsnetz, Kanäle).

Die Industrielle Revolution in Deutschland

Die Aufbauphase (ca. 1800–1835/50)
Die Fürsten waren aufgrund der militärischen, wirtschaftlichen und finanziellen Schwäche gezwungen, die Wirtschaft schnell zu verbessern. Die Vorreiterrolle übernahm Preußen. Die **Reformen** der Ministerpräsidenten vom Stein und von Hardenberg beinhalteten z.B. die Befreiung der Bauern aus der Abhängigkeit der Großgrundbesitzer, die Gewerbe- und Handelsfreiheit, die Aufhebung der Binnenzölle und die Abschaffung der Zünfte. Entscheidende Auswirkung der neuen Politik war der von Friedrich List 1834 gegründete **Deutsche Zollverein**.

Die Durchbruchsphase (1835/50–1873)
Der Beginn der Industriellen Revolution in Deutschland wird mit dem Bau der ersten Eisenbahn (1835) angesetzt bzw. dem sprunghaften Einsetzen der Massenproduktion zu Beginn der 50er-Jahre. Charakteristika dieser Phase sind: Neue, verbesserte Produktionsverfahren, industrielle statt gewerbliche Produktion, Eisenbahn als neues Transportmittel, Ausbau der Verkehrswege, Schwerindustrie als Schlüsselindustrie, technische Ent-

wicklungen (z. B. Schnellpresse, Elektromotor, Dynamomaschine).
Die **Gründerkrise** (1873 bis ca. 1878) beendete die positive wirtschaftliche Entwicklung der Gründerjahre des Deutschen Reichs (1871–1873). Riskante Spekulationen im industriellen Bereich und an den Börsen führten zu wirtschaftlichem Rückgang, Zusammenbruch vieler Unternehmen, Gesundschrumpfung im Aktien- und Börsenbereich, Abkehr vom Wirtschaftsliberalismus und zur Verschlechterung der Situation der Arbeiterschaft.

Die Ausbauphase (ca. 1885–1914)
In dieser Phase erlebte die Wirtschaft eine erneute Hochkonjunktur. Deutschland wurde um die Jahrhundertwende die stärkste europäische Wirtschaftsmacht. Bedingungsfaktoren dieser Entwicklung waren ein starkes Bevölkerungswachstum, das einheitliche Wirtschaftsgebiet, günstige Produktionsbedingungen, reiche Kohle- und genügend Erzvorkommen, die Verbesserung der schulisch-technischen Ausbildung sowie die Entstehung von Industriebanken und Aktiengesellschaften.

5.6 Die soziale Frage

Charakteristika
Die Industrielle Revolution veränderte die Gesellschaft nachhaltig. Weite Teile der Arbeiterschaft wurden proletarisiert und gesellschaftlich abgewertet. Dies verschärfte die Auseinandersetzung zwischen Arbeiterschaft und Staat und bewirkte die Entwicklung von **Arbeiterinteressenvertretungen**. Die wirtschaftlich und politisch bestimmende Schicht wurde das Besitzbürgertum, was

das **Dreiklassenwahlrecht** in Preußen dokumentierte. Der Adel verlor an Bedeutung, besetzte jedoch weiterhin führende Positionen im Militär, in der Verwaltung und Diplomatie.

> **Dreiklassenwahlrecht**
>
> In diesem ungleichen Wahlsystem, das in Preußen von 1849 bis 1918 existierte, hing das Gewicht einer Stimme von der Steuer ab, die ein Wähler zahlte. Bei dieser spezifischen Form des Zensuswahlrechts wurden die Wähler so in drei Gruppen aufgeteilt, dass jede Gruppe ein Drittel der Gesamtsteuern zahlte. Einige Reiche hatten also dieselbe Bedeutung wie eine große Gruppe der gering Besteuerten. Die drei Gruppen wählten Wahlmänner, diese wiederum die Abgeordneten.

Die soziale Frage ist ein Sammelbegriff für die schlechten Lebensbedingungen der Arbeiterschaft. Sie fasst folgende Missstände zusammen:
- **Arbeitsbedingungen**: Überlange Arbeitszeiten, niedrige Löhne, fehlende Sicherheitsvorkehrungen, Frauen- und Kinderarbeit, gesundheitliche Schäden, große handwerkliche Konkurrenz.
- **Lebensbedingungen**: Leben am Existenzminimum, Armut und Hunger, Entstehung von Slums, schlechtes Familienleben.
- **Rechtliche Situation**: Politische Benachteiligung der Arbeiterschaft.

Lösungsversuche

Da staatliche Sozialpolitik erst in den 1880er-Jahren einsetzte, versuchten zunächst einzelne Personen und

kleine Gruppen die Situation der Unterschicht zu verbessern:
- **Privatunternehmer** richteten Betriebskrankenkassen und betriebliche Altersversorgung ein, stellten Werkskantinen und Werkswohnungen zur Verfügung und unterstützten ihre Arbeiter in Notsituationen.
- **Bürgerliche Wissenschaftler und Vereinigungen** forderten Tarifverträge, Arbeitslosenversicherung, Anerkennung der Gewerkschaften und staatliche Sozialpolitik.
- **Parteien und Gewerkschaften**: Die Arbeiterparteien forderten bessere Lohn- und Arbeitsbedingungen, politische Gleichstellung, das Koalitionsrecht (Zusammenarbeit und gemeinsamer Kampf von Parteien und Gewerkschaften) und eine umfassende Sozialgesetzgebung.
- **Marxisten**: Marx, Engels und der linke Flügel der Arbeiterparteien wollten grundlegende Veränderungen durch Revolution, Abschaffung des Privateigentums, Verstaatlichung der Produktionsmittel und die Errichtung einer klassenlosen Gesellschaft erreichen.
- **Kirchen**: Zunächst beschränkten sich Lösungsversuche auf einzelne Geistliche. Adolf Kolping gründete Gesellenvereine und Gesellenhäuser, Bischof von Ketteler forderte eine aktive staatliche Sozialpolitik, Johann Hinrich Wichern schuf soziale Einrichtungen für Jugendliche und begründete die Innere Mission, Friedrich Bodelschwingh schuf soziale Einrichtungen für Arbeitslose, Epileptiker und psychisch Kranke. Die Kirchen engagierten sich spät, die katholische Kirche z. B. erst 1891 durch die Enzyklika „Rerum Novarum" von Papst Leo XIII.

Die Wilhelminische Ära (1890–1918)

> **Enzyklika**
>
> Päpstliches Rundschreiben, meist in lateinischer Sprache, das sich an die gesamte katholische Kirche wendet.

- **Staat**: Aus humanitären und vor allem politischen Gründen verbesserte Bismarck in den 1880er-Jahren die Lage der Arbeiter durch die staatlichen Sozialgesetze (s. S. 64).

Die Lösungsversuche blieben insgesamt unzureichend und die Verbesserung der Lebensbedingungen der Arbeiterschaft gelang nur in Teilbereichen.

> **Lehrer-Tipp: Auswertung einer Textquelle**
>
> „Da viele Textquellen (z. B. politische Reden oder Memoiren) oft **subjektiv** sind, muss ihr Wahrheitsgehalt überprüft werden. Konzentriere dich dabei besonders auf: den Titel des Textes (gibt dir Aufschluss über das Thema), den gesellschaftlichen und politischen Standpunkt des Autors, den Adressaten des Textes (an wen richtet sich der Text?) und auf die Entstehungszeit und den Entstehungsort.
>
> Bei einer Textquelle, die z. B. die soziale Frage thematisiert, solltest du schon beim Lesen herausfinden, ob der Autor auf der Seite der Arbeiter steht oder nicht."
>
> Walter Göbel, Gymnasiallehrer in Würzburg

5 Das Kaiserreich

Der Erste Weltkrieg

QUICK-FINDER

5.7 Europa am Vorabend des Ersten Weltkriegs
- Die Außenpolitik Wilhelms II. ➤ **S. 79**
- Die Entstehung neuer Bündnissysteme ➤ **S. 79**
- Krisen im Vorfeld des Ersten Weltkriegs ➤ **S. 80**
- Die Ursachen des Ersten Weltkriegs ➤ **S. 80**
- Die Kriegsziele der Großmächte ➤ **S. 81**

5.8 Der Erste Weltkrieg 📺 Lern-Video
- Der Kriegsverlauf ➤ **S. 81**
- Die Charakteristik des Ersten Weltkriegs ➤ **S. 82**

5.9 Ergebnisse und Auswirkungen ➤ **S. 83**

5.7 Europa am Vorabend des Ersten Weltkriegs

Die Außenpolitik Wilhelms II.
Wilhelms Außenpolitik lässt sich in drei Phasen einteilen:
1. In die Aufgabe der Bismarckschen Bündnispolitik (1890–1900),
2. die wachsende Isolierung in Europa (1900–1906) und
3. in die zunehmende Konfrontation mit den Westmächten und Russland (1906–1914).

Die deutsche Kolonialpolitik, das Engagement im Nahen Osten, zahlreiche ungeschickte Maßnahmen (Einmischung in den Burenkrieg, herablassende Kommentierung der britischen Politik in einem Daily Telegraph-Interview) und die aggressive Flottenpolitik verschlechterten das deutsch-britische Verhältnis.

Die Entstehung neuer Bündnissysteme
Wilhelms unüberlegte Außenpolitik verkehrte die Außenpolitik Bismarcks ins Gegenteil. Der Kaiser erneuerte den Rückversicherungsvertrag mit Russland nicht und verstärkte stattdessen den Zweibund. Die Folge war 1894 ein russisch-französisches Bündnis. 1904 schlossen Großbritannien und Frankreich die Entente cordiale („herzliches Einverständnis"). Die enge Bindung des Deutschen Reichs an Österreich-Ungarn bewirkte 1907 die britisch-französisch-russische Triple Entente. Damit standen den „Mittelmächten" Deutschland und Österreich-Ungarn die Ententemächte gegenüber. In Deutschland sah man diese Entwicklung als „böswillige Einkreisung" an.

Krisen im Vorfeld des Ersten Weltkriegs

Die Rivalität der Großmächte verursachte zahlreiche Krisen und Konflikte. An der ersten und zweiten Marokkokrise war Wilhelm II. maßgeblich beteiligt. 1906 betonte er in Tanger die Unabhängigkeit Marokkos von Frankreich, 1911 schickte er als Drohgebärde das Kanonenboot „Panther" nach Agadir. In beiden Fällen verschärfte er so bereits bestehende Spannungen. Andere Konflikte entstanden auf dem Balkan: 1908/09 annektierte Österreich-Ungarn das unter türkischer Oberhoheit stehende Bosnien-Herzegowina. 1912 eroberten Bulgarien, Serbien, Montenegro und Griechenland die europäischen Gebiete des kränkelnden Osmanischen Reichs („kranker Mann am Bosporus") und führten 1913 einen Krieg gegeneinander.

Die Ursachen des Ersten Weltkriegs

- Politische Gegensätze der europäischen Großmächte; deren **imperialistische Politik** in Afrika, im Nahen Osten und in Asien führte zu Konkurrenz, Neid, Missgunst, Aufrüstung, politischen Krisen und verstärkte den bei allen Großmächten ausgeprägten Nationalismus;
- Prestigepolitik und **übersteigerter Nationalismus**;
- Wilhelms II. Weltmacht- und Flottenpolitik erweckte das Misstrauen der anderen Großmächte und löste einen **Rüstungswettlauf** aus;
- die Schwierigkeiten des **Vielvölkerstaats Österreich-Ungarn**;
- der **Zerfall des Osmanischen Reichs** und das „Pulverfass Balkan";
- überstürzte Ultimaten und Mobilmachungen in der Julikrise 1914.

Die Kriegsziele der Großmächte

Alle Großmächte hatten weit reichende Kriegsziele. Das **Deutsche Reich** strebte die Hegemonie auf dem Kontinent an, die Vergrößerung des Kolonialbesitzes sowie die Brechung der Vorherrschaft Großbritanniens im Nahen und im Fernen Osten. **Österreich-Ungarn** wollte seine Dominanz auf dem Balkan ausbauen und den Konkurrenten Russland dort ausschalten, um seinen Vielvölkerstaat zusammenzuhalten. **Frankreichs Ziele** bestanden in der Rückgewinnung der kontinentalen Hegemonie, der Revanche für 1870/71 und im Rhein als sicherer Ostgrenze. **Großbritannien** ging es vorrangig darum, die Weltmachtstellung Deutschlands zu verhindern. **Russland** wollte durch die Gewinnung der Dardanellen endlich den Zugang zum Mittelmeer erreichen und ein panslawistisches Reichs unter seiner Führung schaffen.

5.8 Der Erste Weltkrieg

Lern-Video
www.sofatutor.com/klett/5z

Der Kriegsverlauf

28.6.1914: Die Ermordung des österreichischen Thronfolgerpaares in Sarajewo löst Ende Juli den Krieg aus („Hurra-Patriotismus" auf allen Seiten). Im Herbst scheitert der Schlieffen-Plan (Umgehung der starken französischen Stellungen durch die neutralen Staaten Belgien und Luxemburg) in Nordfrankreich. Der Bewegungskrieg wird zum Stellungs-, Material- und Abnutzungskrieg; Siege Hindenburgs in Ostpreußen und Polen.

1915: Große, verlustreiche Schlachten (Verdun, Douaumont, an der Somme); Einsatz neuer Waffen (Maschi-

nengewehr, Gas, Panzer, Flugzeuge, U-Boote); uneingeschränkter deutscher U-Boot-Krieg. Italien tritt an der Seite der Entente-Mächte in den Krieg ein; Stellungskrieg im Osten; wachsende Desillusionierung in der Heimat.
1916: Extrem verlustreiche Schlachten (Verdun, Somme, zusammen ca. 2 Mio. Gefallene); Hungersnot in Deutschland; SPD, Zentrum und Liberale fordern im Reichstag einen „Verständigungsfrieden".
1917: Der Kriegseintritt der USA (6. April) macht den Krieg zum Weltkrieg und entscheidet seinen Ausgang. Die russische Oktoberrevolution bewirkt einen Waffenstillstand zwischen dem Deutschen Reich und Russland.
1918: Der „Diktatfriede" von Brest-Litowsk beendet den Krieg im Osten; die Lage der Mittelmächte wird im Sommer aussichtslos; der **Waffenstillstand von Compiègne (11. November)** bedeutet de facto die **bedingungslose Kapitulation** des Deutschen Reichs.

Die Charakteristik des Ersten Weltkriegs

Der Erste Weltkrieg war ein neuartiger Krieg, der sich von allen bisherigen unterschied. An ihm waren nicht nur ca. 70 Mio. Soldaten aus allen Kontinenten und mit wenigen Ausnahmen alle Staaten der damaligen Welt beteiligt. Er betraf auch zum ersten Mal die gesamte Zivilbevölkerung (Menschenverluste, Zerstörung, Hungernöte, Flucht, Vertreibung). Modernste Waffentechnik bewirkte ungeheure Menschenverluste (ca. 16. Mio. Tote, ca. 20 Mio. Kriegsversehrte) und die völlige Zerstörung von Städten (z. B. Ypern) und Kampfgebieten (Nordostfrankreich).

5.9 Ergebnisse und Auswirkungen

Der Krieg bewirkte den Zusammenbruch des europäischen Staatensystems. Europa verlor seine Bedeutung als „Regulator" der Weltpolitik an die USA. Fast alle Monarchien und vier Imperien gingen unter (Deutsches Reich, Österreich-Ungarn, das Zarenreich und das Osmanische). Sie hinterließen zahlreiche ungelöste Probleme bzw. schufen neue politische, territoriale und ethnische. Der Krieg bereitete den Nährboden für die Entstehung faschistischer Diktaturen bzw. für den Bolschewismus mit ihren Wahnvorstellungen von Rassen- oder Klassenkampf.

> **Faschismus** (ital. fascio = Kampfbund)
>
> a) Von Benito Mussolini begründetes diktatorisches Herrschaftssystem in Italien (1919–1943);
> b) Sammelbegriff für alle extrem nationalistischen und antidemokratischen Rechtsdiktaturen.

> **Bolschewismus** (russ. bolschinstwo = Mehrheit)
>
> Von Lenin begründetes Herrschaftssystem der Union der Sozialistischen Sowjetrepubliken (UdSSR). Ziel ist die Durchsetzung des Kommunismus. Auf dem Weg dorthin ist allein die Kommunistische Partei Trägerin der Macht.

Der Erste Weltkrieg, die „Urkatastrophe" Europas, markiert aus diesen Gründen den Beginn einer neuen Epoche, nämlich des zweiten „Dreißigjährigen Kriegs" (1914–1945) und ist eine der Hauptursachen des Zweiten Weltkriegs.

6 Die Weimarer Republik

Die Entstehung der Weimarer Republik

QUICK-FINDER

6.1 Die innenpolitischen Veränderungen 1916–1918

- Von der konstitutionellen zur parlamentarischen Monarchie → **S. 85**
- Das Kriegsende → **S. 86**
- Die Novemberrevolution von 1918 → **S. 86**
- Der Rat der Volksbeauftragten → **S. 87**
- Der „Pakt mit den alten Mächten" → **S. 88**

6.2 Die Weimarer Verfassung

- Die wesentlichen Charakteristika → **S. 88**
- Die Bewertung → **S. 89**

6.3 Der Vertrag von Versailles   Lern-Video

- Der schwierige Friede → **S. 90**
- Die wesentlichen Bestimmungen → **S. 90**
- Besonders wichtig: Die innenpolitische Wirkung des Vertrags von Versailles → **S. 91**

Die Entstehung der Weimarer Republik

6.1 Die innenpolitischen Veränderungen 1916–1918

Von der konstitutionellen zur parlamentarischen Monarchie

Der ausbleibende Kriegserfolg und die lange Kriegsdauer veränderten die politische Machtstruktur. 1916 wurde der Kaiser entmachtet, der militärische Oberbefehl ging an die **Dritte Oberste Heeresleitung** (OHL) unter Führung der Generäle Hindenburg und Ludendorff. Sie bestimmten auch die Innen- und Außenpolitik. Das Deutsche Reich war offiziell noch immer eine konstitutionelle Monarchie, in Wirklichkeit aber eine **Militärdiktatur**.

Da der amerikanische Präsident Wilson nur mit einer demokratischen deutschen Regierung verhandeln wollte, befahl die OHL eine parlamentarische Regierung. Die überraschten Parteien bildeten Anfang Oktober 1918 eine Regierung unter dem parteilosen Prinzen Max von Baden. Damit war das Deutsche Reich nach außen eine **parlamentarische Monarchie**.

> **Parlamentarische Monarchie**
>
> Die politische Macht liegt bei der Volksvertretung, dem Parlament. Der Monarch hat nur eine repräsentative Funktion als Staatsoberhaupt.

Da das Volk diese Veränderungen nicht wahrnahm, konnte keine demokratische Entwicklung einsetzen. Die neue Regierung hatte zwei Ziele: Einen raschen und günstigen **Waffenstillstand** und eine **Verfassung**. Diese trat am 28.10.1918 in Kraft und hatte folgende Grundzüge: Abhängigkeit der Regierung vom Parlament, Einführung des allgemeinen, gleichen und geheimen Wahlrechts in Preußen und Ausübung der Kommandogewalt durch einen dem Parlament verantwortlichen Minister.

Das Kriegsende

Ende Oktober änderte die OHL ihre Haltung radikal. Sie wollte nun den heroischen Widerstand bis zum Untergang. Als Max von Baden diesen sinnlosen Kurswechsel nicht mittrug, traten Hindenburg und Ludendorff zurück. Die Demokratie musste nun „die Suppe auslöffeln", die Kaiser und Militärs dem deutschen Volk eingebrockt hatten. Die bedingungslose Kapitulation des Deutschen Reichs am 11.11.1918 im Wald von Compiègne beendete den Krieg.

Die Novemberrevolution von 1918

Verlauf

29.10.1918: Matrosen meutern, als die Flotte wenige Tage vor Kriegsende gegen England auslaufen soll. In Norddeutschland (Wilhelmshaven, Kiel) kommt es zu Blutvergießen zwischen Militär und Matrosen und die Meuterei erfasst Anfang November ganz Norddeutschland.

4.11.1918: Zum ersten Mal werden politische Forderungen laut (Rücktritt des Kaisers, sofortiger Waffenstillstand) und die Meuterei wird zur Revolution. In den folgenden Tagen weitet sie sich über ganz Deutschland aus.

7.11.1918: Der bayerische König Ludwig III. tritt zurück, der Sozialist Kurt Eisner ruft in München eine Räterepublik aus. Weitere Fürsten treten zurück oder werden zum Rücktritt gezwungen. Die SPD fordert von Wilhelm II. ultimativ, binnen 24 Stunden abzudanken.

9.11.1918: Der Kaiser weigert sich, „wegen der paar Juden und 1000 Arbeiter" zurückzutreten; Max von Baden verkündet deshalb den **Rücktritt Wilhelms II.**, tritt ebenfalls zurück und überträgt das Amt des Reichskanzlers (für einen Tag) dem Vorsitzenden der SPD, Friedrich Ebert. Um die Mittagszeit verkündet Philipp Scheidemann (SPD) in Berlin ohne Absprache mit seiner Partei die Deutsche Republik und damit das **Ende der Monarchie**. Zwei Stunden später ruft der Sozialist Karl Liebknecht die „freie sozialistische Republik" aus. Wilhelm II. dankt als Kaiser und König ab.

Bewertung
Vergleicht man den November 1918 mit der Französischen Revolution, so zeigt sich, dass die „Novemberrevolution" keine wirkliche Revolution war: Sie ging nicht vom Volk aus, hatte keine konkurrierende Ideologie, und grundlegende politische Veränderungen wurden nur von wenigen Linksradikalen gefordert; die SPD als stärkste politische Kraft strebte keine Fortführung der Revolution an, und die Säulen der Monarchie (Militär, Verwaltung, Justiz) behielten ihre Bedeutung auch in der Republik.

Der Rat der Volksbeauftragten
Am 10.11.1918 wählten die Berliner Arbeiter- und Soldatenräte die **neue republikanische Regierung**, den Rat der Volksbeauftragten. Er bestand aus je 3 Mitgliedern der SPD und der linksgerichteten USPD (Unabhängige Sozialdemokratische Partei Deutschlands). Die neue Regierung war zerstritten, da die SPD Ruhe, Ordnung und eine ruhige, demokratische Entwicklung wollte, die USPD dagegen die Fortführung der Revolution und die Errich-

tung einer Räterepublik. Mitte Dezember 1918 übertrug die Berliner Reichskonferenz der Arbeiter- und Soldatenräte dem Rat der Volksbeauftragten die **exekutive und legislative Gewalt** bis zur Wahl einer verfassungsgebenden Nationalversammlung. Damit war die Entscheidung für die Demokratie und gegen die Räterepublik gefallen.

Der „Pakt mit den alten Mächten"
Am 10.11.1918 schloss Ebert mit General Groener, dem Chef der OHL, ein Zweckbündnis zwischen SPD und Militär. Das Militär wollte dadurch seine Macht im neuen Staat sichern, die SPD die junge Republik stabilisieren. Das Bündnis war problematisch, da die SPD das Militär gegen linke Aufstände und Putschversuche einsetzte. Dadurch wurden die Spannungen innerhalb der SPD stärker und die zwischen den Arbeiterparteien unüberbrückbar.

6.2 Die Weimarer Verfassung

Die wesentlichen Charakteristika
In der Wahl zur verfassunggebenden Nationalversammlung setzte sich am 19.1.1919 die **Weimarer Koalition** (SPD, Zentrum und Deutsche Demokratische Partei) durch. Sie erreichte 76,1 % der Stimmen, weil die konservativen, antidemokratischen Bürger aus Angst vor „russischen" Verhältnissen zunächst die Weimarer Koalition wählten. Die Nationalversammlung tagte nicht in der unsicheren Hauptstadt, sondern in Weimar. Am 11.2.1919 wählte die Nationalversammlung **Friedrich Ebert zum Reichspräsidenten** und beschloss eine Verfassung mit folgenden Charakteristika:

Die Entstehung der Weimarer Republik

- **Volkssouveränität** („Alle Macht geht vom Volk aus.").
- Aus den Staaten (des Kaiserreichs) wurden Länder mit geringeren Kompetenzen. Die Ländervertretung, der **Reichsrat**, war durch das suspensive (aufschiebende) Veto nur schwach an der Legislative beteiligt.
- Der **Reichstag** war als Volksvertretung das Zentralorgan. Er hatte den Hauptteil der Legislative (Gesetzesinitiative), wählte und kontrollierte die Regierung.
- Der **Reichspräsident** hatte vor allem in Krisenzeiten eine zu große Machtfülle. Er war Staatsoberhaupt, hatte den militärischen Oberbefehl, konnte mit militärischer Gewalt gegen ein Land vorgehen („Reichsexekution"), war über §48 („Notstandsparagraph") an der Legislative beteiligt, ernannte und entließ die Regierungen und wurde direkt vom Volk gewählt.
- Die **Reichsregierung** war doppelt abhängig (Reichspräsident, Reichstag) und deshalb schwach.
- Das reine **Verhältniswahlrecht** (allgemein, gleich, geheim, direkt, keine Sperrklauseln) begünstigte kleine Parteien, bewirkte eine große Parteienlandschaft und meist instabile Koalitionsregierungen.
- Die **Grundrechte** waren nicht vorstaatlich und konnten durch Gesetze eingeschränkt werden.

Die Bewertung

Die Weimarer Verfassung war sehr liberal, hatte aber gravierende Mängel, die sich in Krisenzeiten negativ auswirkten (z.B. Spaltung der Legislative, zu große Machtfülle des Reichspräsidenten, Schwäche der Regierung, reines Verhältniswahlrecht).

6.3 Der Vertrag von Versailles

Lern-Video — www.sofatutor.com/klett/61

Der schwierige Friede
Die zerstrittenen Sieger hatten sehr unterschiedliche Vorstellungen von einem gerechten Frieden. Frankreich wollte die größtmögliche Schwächung Deutschlands, die USA strebten einen Ausgleichsfrieden und die Errichtung einer weltweiten Friedensinstitution an; Großbritannien wollte Deutschland schwächen, aber nicht so stark, dass es dem Kommunismus anheimfallen würde. Deshalb war der Vertrag eine Mischung aus Kompromissen, halbherzigen Entscheidungen und übermäßigen Härten. Die Regierung Scheidemann (SPD) lehnte den Vertrag als unannehmbar ab und trat zurück. Nach heftigen Debatten nahm der Reichstag den „Karthagofrieden" Ende Juni 1919 an.

Die wesentlichen Bestimmungen
- **Militärische Bestimmungen**: Entwaffnung und Abrüstung des Heeres auf 100 000 Mann, der Marine auf 15 000; Entmilitarisierung und Besetzung des Rheinlands.
- **Gebietsverluste**: Elsass-Lothringen (an Frankreich); Eupen-Malmedy (an Belgien); Nordschleswig (an Dänemark); Posen, Westpreußen und Oberschlesien (an Polen), Danzig wird als „Freie Stadt" unabhängig; das Hultschiner Ländchen (an die Tschechoslowakei).
- **Reparationen**: Die Höhe der von Deutschland zu zahlenden Reparationen soll bis 1921 festgelegt werden.
- Art. 227 und 228 bezeichnen den deutschen **Kaiser als Kriegsverbrecher** und fordern seine Auslieferung.

- Art. 231 legt die **alleinige Kriegsschuld** Deutschlands und seiner Verbündeten fest.

> **Besonders wichtig: Die innenpolitische Wirkung des Vertrags von Versailles**
>
> Der **Vertrag von Versailles** wurde in Deutschland allgemein als ungerecht und überhart angesehen („Karthago-", „Schmach-", „Diktatfriede").
> Er wurde zusammen mit der Dolchstoßlegende zu dem **entscheidenden propagandistischen Kampfmittel der Rechten gegen den Staat**, gegen das demokratische „System". Heute ist die Beurteilung des Vertrags gemäßigter, da er im Vergleich zu 1945 geringe territoriale Verluste gebracht, nicht zur Besetzung geführt und Deutschland die Chance gelassen hatte, langfristig wieder Großmacht zu werden.
>
> > **Die Dolchstoßlegende**
> >
> > Die von Hindenburg in die Welt gesetzte Dolchstoßlegende behauptete, das deutsche Heer sei nicht besiegt, sondern „von hinten", d.h. aus der Heimat, erdolcht worden. Sie hatte eine große emotionale Wirkung, da sie für die Masse des Volkes plausibel war (Sieg im Osten; keine feindlichen Truppen bei Kriegsende in Deutschland) und die Schuld am verlorenen Krieg nun den Parteien zugeschoben werden konnte, die seit 1916 einen Verständigungsfrieden gefordert hatten (USPD, SPD, Fortschrittliche Volkspartei, Zentrum).

6 Die Weimarer Republik

Die frühen Jahre (1919–1924)

QUICK-FINDER

6.4 Parteien, Reichswehr und paramilitärische Organisationen
- Parteien → **S. 93**
- Die Reichwehr → **S. 94**
- Paramilitärische Organisationen → **S. 94**

6.5 Innenpolitische Belastungen
- Räterepubliken → **S. 95**
- Der Kapp-Putsch → **S. 95**
- Mord als politisches Mittel → **S. 95**

6.6 Das Krisenjahr 1923 → **S. 96**   Lern-Video
- Der Ruhrkampf → **S. 96**
- Die Inflation → **S. 96**
- Der Separatismus → **S. 97**
- Der Hitler-Putsch (9.11.1923) → **S. 97**

6.4 Parteien, Reichswehr und paramilitärische Organisationen

Parteien

Die wichtigsten Parteien waren:
- Die **Kommunistische Partei Deutschlands** (KPD): reine Klassenpartei, von Moskau abhängig; Ziele: Weltrevolution, Räterepublik, Diktatur des Proletariats; sie ist staatsfeindlich.
- Die **Sozialdemokratische Partei Deutschlands** (SPD): überwiegend Arbeiterpartei; Ziele: demokratische Republik, Reform statt Revolution; staatstragend, stärkster Machtfaktor der Weimarer Republik.
- Die **Deutsche Demokratische Partei** (DDP): Partei des liberalen Bürgertums; staatsbejahend; kontinuierlicher Machtverlust.
- Das **Zentrum** (Z): Politische Interessenvertretung des Katholizismus; Wähler aus allen Schichten; staatstragend, stabilste Partei Weimars.
- Die **Bayerische Volkspartei** (BVP): katholische Landespartei; betont die Eigenständigkeit Bayerns; sie ist antipreußisch und antirepublikanisch.
- Die **Deutsche Volkspartei** (DVP): Partei des Besitzbürgertums; Ziele: machtvoller Staat, starke Außenpolitik; Betonung der Volksgemeinschaft; bis 1929 meist staatstragend, dann rascher Zerfall.
- Die **Deutschnationale Volkspartei** (DNVP): Sammlungspartei rechter Gruppierungen; rigorose Bekämpfung der Republik und der Demokratie.
- Die **Nationalsozialistische Deutsche Arbeiterpartei** (NSDAP): Mitglieder überwiegend aus Mittelschicht und Kleinbürgertum; Ziele: totale Umstrukturierung des Staates nach Übernahme der Macht; Errichtung

eines Führerstaats; Rückkehr Deutschlands zur alten Machtfülle; extrem staatsfeindlich, bis 1929 unbedeutend.

Die Reichswehr

Sie gab sich zwar betont unpolitisch, zeigte aber dennoch eine gewisse Loyalität gegenüber Staat und Regierung. Aufgrund ihrer Bedeutung wurde sie zum „Staat im Staat". Gegen rechte Kräfte ließ sie sich nicht einsetzen und blieb deshalb ein **Unsicherheitsfaktor**, ein in Krisenzeiten eher destabilisierendes Element.

Paramilitärische Organisationen

Die wichtigsten paramilitärischen (militärähnlichen) Organisationen waren der Rote Frontkämpferbund (linksradikal, Kampftruppe der KPD), das Reichsbanner Schwarz-Rot-Gold (staatsbejahend), der Stahlhelm („Bund der unbesiegt heimgekehrten Frontsoldaten", staatsfeindlich, militanter Nationalismus) und die Sturmabteilung der NSDAP (SA, rechtsradikal, gewaltbereite Kampftruppe).

Aus den rechtsextremen, entwurzelten Font- und Berufssoldaten bildeten sich zahlreiche Freiwilligenverbände („Freikorps"). Sie schützten mit Billigung der Regierung die deutschen Gebiete im Baltikum und wurden auch zur Niederschlagung von linksradikalen Aufständen eingesetzt. Sie lehnten Demokratie und Republik ab und beteiligten sich auch an rechtsgerichteten Putschversuchen.

Nach ihrer Auflösung (1920) gründeten ehemalige Freikorpsler geheime Bünde und Organisationen, die, wie die Organisation Consul, bei der Bekämpfung der verhassten Republik auch nicht vor Mord zurückschrecken.

6.5 Innenpolitische Belastungen

Räterepubliken
In vielen Städten und Gebieten entstanden sozialistische Räterepubliken (z.B. Bremen, Braunschweig, München, Vogtland) unter der Führung von Arbeiter- und Soldatenräten, die die Revolution fortführen wollten.

> **Räterepublik**
>
> Ausübung der gesamten Staatsgewalt ausschließlich durch Arbeiter-, Bauern- und Soldatenräte. Ziel ist die „Diktatur des Proletariats".

Der Kapp-Putsch
Die Auflösung der Freikorps führte Mitte März 1920 zur Besetzung des Berliner Regierungsviertels durch Freikorpstruppen. Der reaktionäre Politiker Kapp (DNVP) setzte die Regierung ab und sich als Kanzler ein. Der Putsch scheiterte zwar nach vier Tagen, zeigte jedoch die **Unzufriedenheit der Rechten mit dem Staat** und die Unzuverlässigkeit der Reichswehr, die gegen die „Kameraden" nicht vorgegangen war. Als Reaktion auf den Kapp-Putsch kam es zu linksradikalen Aufständen mit bürgerkriegsähnlichen Verhältnissen. Sie wurden von der Reichswehr mit Waffengewalt beendet.

Mord als politisches Mittel
Die „Liquidierung" von politischen Gegnern wurde vor allem unter Rechtsradikalen zu einem „normalen" Mittel der politischen Auseinandersetzung. Sie ermordeten zahlreiche Politiker der staatstragenden Parteien oder verübten Attentate. Unterstützt wurden sie oft von reichen Rechtsgerichteten. Rechtslastige Richter verurteilten sie milde und sprachen die Mörder nicht selten frei.

6.6 Das Krisenjahr 1923

Lern-Video
www.sofatutor.com/klett/62

Der Ruhrkampf
Die hohen Reparationsforderungen verschärften die Spannungen zwischen Deutschland und Frankreich. Kanzler Cuno (parteilos) kündigte Ende 1922 eine Abkehr von der „Erfüllungspolitik" an, der französische Ministerpräsident Poincaré drohte, „produktive" Pfänder zu nehmen (Bergwerke, Industrieanlagen etc.). Im Januar 1923 besetzten französische und belgische Truppen das Ruhrgebiet. Cuno stellte die Reparationszahlungen ein und rief zum passiven Widerstand auf. Es kam zu Sabotageakten und Vergeltungsmaßnahmen Frankreichs. Im Sommer 1923 beendete Kanzler Stresemann (DVP) den aussichtslosen Ruhrkampf.

Die Inflation
Sie hatte folgende Ursachen: Die Kosten des Ersten Weltkriegs, territoriale Verluste, die Umstellung der Kriegs- auf Friedenswirtschaft. Im Sommer 1923 brachte der Ruhrkampf (Verlust von Einnahmen, Finanzierung des passiven Widerstands) die Inflation zum Galoppieren. Sie erreichte ihren **Höhepunkt im Herbst 1923**. Die Versorgung der Bevölkerung in Deutschland wurde problematisch. Der Regierung Stresemann gelang es Ende des Jahres, die Inflation zu stoppen. Dennoch verschlechterten die sozialen und politischen Folgen der Inflation (Arbeitslosigkeit, Geld- und Besitzverluste, Verarmung, Radikalisierung politischen Lebens, Ruf nach dem „starken Mann") die innere Situation Weimars nachhaltig.

Der Separatismus

Ruhrkampf und Inflation lösten Bewegungen im Südwesten Deutschlands aus, die eine **Abspaltung von Deutschland** bezweckten und deshalb die Einheit des Reichs bedrohten. Auf dem Höhepunkt der Inflation entstanden die **Rheinische Republik** und die **Autonome Pfalz**. Die Überwindung der Inflation entzog beiden die Grundlage. Sie endeten im November 1923 bzw. im Februar 1924.

> **Separatismus**
>
> Absicht eines Teils der Bevölkerung, sich aus wirtschaftlichen, ethnisch-religiösen oder kulturellen Gründen aus dem Staat zu lösen, um einen eigenen zu gründen.

Der Hitler-Putsch (9. 11. 1923)

Bayern war das Zentrum der antidemokratischen und rechtsradikalen Gruppierungen. Die Spannungen zwischen der bayerischen Regierung und der Reichsregierung wuchsen, die Reichswehr griff nicht gegen Rechts ein. Am Abend des 8. 11. 1923 unternahm Adolf Hitler (NSDAP) in München einen Putsch. Er erklärte die Reichsregierung für abgesetzt und proklamierte eine neue deutsche Nationalregierung mit ihm an der Spitze. Das Scheitern des Putsches versuchte er am Morgen des 9. November mit einem Marsch zur Feldherrnhalle zu verhindern, mit dem er die Unterstützung der Münchner Bevölkerung gewinnen wollte. Die bayerische Polizei stoppte den Marsch, Hitler wurde von wohlwollenden Richtern zur Mindeststrafe von 5 Jahren verurteilt, von denen er nur neun Monate verbüßen musste.

6 Die Weimarer Republik

Die ruhigen Jahre (1924–1929)

QUICK-FINDER

6.7 Die Außenpolitik
- Die Reparationen ➙ **S. 99**
- Der Vertrag von Rapallo (16. 4. 1922) ➙ **S. 99**
- Der Locarno-Vertrag (16. 10. 1925) ➙ **S. 100**
- Der Berliner Vertrag ➙ **S. 101**

6.8 Die ruhigen Jahre Weimars
- Die „Goldenen Zwanziger" ➙ **S. 101**
- Die wirtschaftliche Entwicklung ➙ **S. 101**
- Die Sozialpolitik ➙ **S. 102**
- Technik, Naturwissenschaften, Medizin ➙ **S. 102**
- Die kulturelle Blütezeit ➙ **S. 102**
- Die Schwäche des Parlamentarismus ➙ **S. 103**

6.7 Die Außenpolitik

Die Reparationen

Zwischen 1919 und 1934 gab es zahlreiche Reparationskonferenzen, an denen die Deutschen erst 1928 als gleichberechtigte Partner beteiligt wurden.

Mit dem **Dawes-Plan (1924)** setzten sich unter der Führung der USA wirtschaftliche Überlegungen durch. Er beinhaltete den wirtschaftlichen Aufbau Deutschlands durch amerikanische Kredite als Voraussetzung für die Reparationszahlungen und bewirkte eine politische Entspannung.

Der **Young-Plan von 1929** verbesserte zwar die Bedingungen erneut, wurde aber wegen seiner langen Laufzeit (59 Jahre) zum propagandistischen Kampfmittel der Rechten, insbesondere der NSDAP, und verschlechterte die innenpolitische Situation Weimars deutlich.

Die **Weltwirtschaftskrise**, die 1929 in den USA ausbrach, beendete das Reparationsproblem. 1931 setzte der amerikanische Präsident Hoover die Zahlungen für ein Jahr aus. Im folgenden Jahr wurden sie auf einen Bruchteil reduziert und 1934 endgültig eingestellt.

Der Vertrag von Rapallo (16. 4. 1922)

Im Frühjahr 1922 fand in Genua eine internationale Konferenz statt. Sie hatte zwei wesentliche Ziele: Verbesserung der wirtschaftlichen Verhältnisse in Europa und politische Einflussnahme auf die kommunistische UdSSR durch Gewährung massiver westlicher Wirtschaftshilfe. Deutschland und die UdSSR vereitelten diesen Plan, als sie am **16. 4. 1922** den **Vertrag von Rapallo** (Vorort von Genua) bekannt gaben. Sie vereinbarten die Intensivierung ihrer Handelsbeziehungen und die Aufnahme diplomatischer Beziehungen. Der Vertrag hatte für beide Partner große Vorteile: Sie waren nun außenpolitisch nicht mehr isoliert, die UdSSR versprach sich wirtschaftliche Vorteile und Deutschland günstigere Voraussetzungen für die Rückgewinnung der verlorenen Ostgebiete.

Der Locarno-Vertrag (16.10.1925)

1925 bot Kanzler Stresemann (DVP) den Westmächten die **Garantie der deutsch-französischen und deutsch-belgischen Grenzen** an (Sicherheitspakt). Garantiemächte sollten Großbritannien und Italien sein. Dies bedeutete eine Abkehr von der bisherigen deutschen Außenpolitik. Mit diesem Angebot wollte Stresemann ruhige Verhältnisse im Westen schaffen, um die **Rückgewinnung der Ostgebiete** erreichen zu können. Schiedsabkommen mit Frankreich und Belgien sollten Streitfälle friedlich regeln. Diese Politik nahm das Ausland begeistert auf.

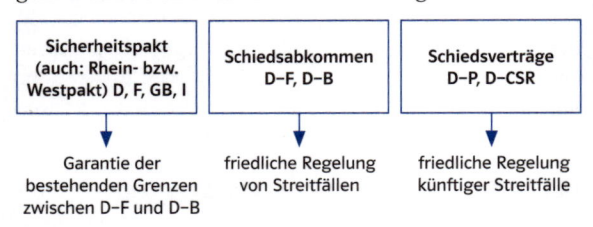

Sicherheitspakt (auch: Rhein- bzw. Westpakt) D, F, GB, I	Schiedsabkommen D–F, D–B	Schiedsverträge D–P, D–CSR
Garantie der bestehenden Grenzen zwischen D–F und D–B	friedliche Regelung von Streitfällen	friedliche Regelung künftiger Streitfälle

Der Locarno-Vertrag bedeutete die **Anerkennung des Status quo im Westen**, hielt jedoch die Revision (Überprüfung, Korrektur) der Ostgrenzen offen. Die Schiedsverträge mit den östlichen Nachbarstaaten bezogen sich nämlich ausdrücklich auf neue Streitfälle und schlossen frühere, z.B. den Versailler Vertrag, aus.

Deutschland war nun ein gleichberechtigter europäischer Partner und wurde 1926 in den Völkerbund aufgenommen, In Deutschland löste der Vertrag überwiegend Unverständnis und heftige Kritik aus.

Der Berliner Vertrag

Die UdSSR befürchtete, dass der Locarno-Vertrag zur Aufgabe der Rapallopolitik führen könne. Deshalb schlossen beide Staaten **1926** einen **militärischen Neutralitätspakt**. Ihn begrüßten auch die Rechtsparteien als Voraussetzung für die Rückgewinnung der Ostgebiete.

6.8 Die ruhigen Jahre Weimars (1924–1929)

Die „Goldenen Zwanziger"

Im Verlauf des Jahres 1924 verbesserte sich die innenpolitische Situation der Weimarer Republik deutlich. Wirtschaft und Sozialpolitik verzeichneten Fortschritte, Kunst und Kultur erlebten eine Blütezeit. Deshalb werden die Jahre 1924 bis 1929 auch als die „Goldenen Zwanzigerjahre" bezeichnet, obwohl die Republik politisch instabil und anfällig blieb.

Die wirtschaftliche Entwicklung

Die Währungsreform vom November 1923 und die Kredite des Dawes-Plans bewirkten ein **rasches Wirtschaftswachstum**. Deutschland fand den Anschluss an die Weltwirtschaft wieder. Moderne Industriezweige (Flugzeug-, Auto-, Rundfunk-, Filmindustrie, elektrotechnische, chemische und optische Industrie) wuchsen.

Eine Reihe von wirtschaftlichen Problemen und Risiken überschattete jedoch diese Entwicklung: Ungleiches Wachstum wichtiger Industriebereiche, relativ hohe Löhne, wachsende Arbeitslosigkeit aufgrund von Rationalisierung nach amerikanischem Vorbild (Fließbandarbeit), unrentable Landwirtschaft in Mittel- und Süddeutschland.

Die Sozialpolitik

Zahlreiche Sozialgesetze bewirkten eine **Verbesserung der Lage der unteren Schichten**. Insgesamt wurden eingeführt: Achtstunden-Arbeitstag, Frauenwahlrecht, Beschäftigung von Schwerbehinderten, Angestelltenversicherung, staatliche Fürsorge, Arbeitsämter, Unterstützungsanspruch bei unverschuldeter Arbeitslosigkeit, Arbeits- und Kündigungsschutz für werdende und stillende Mütter, Arbeitslosenversicherung und Überstundenzuschläge. Gegen Ende der Zwanzigerjahre stagnierte die sozialpolitische Entwicklung und wurde nach dem Ausbruch der Weltwirtschaftskrise (Okt. 1929) rückläufig.

Technik, Naturwissenschaften, Medizin

In diesen Bereichen entwickelte sich Deutschland besonders stark, erreichte Weltniveau oder wurde sogar weltweit führend. Technische Großprojekte (z.B. das Luftschiff **„Graf Zeppelin"**, das Großverkehrsflugzeug Do X und das Passagierschiff Bremen) verdeutlichen dies. Den außerordentlich hohen wissenschaftlichen Standard belegt die **Verleihung von Nobelpreisen**: Zwischen 1919 und 1932 gingen 17 von 74 Nobelpreise an Deutsche. In der Chemie ging jeder zweite Nobelpreis in diesem Zeitraum an einen Deutschen, in der Physik jeder dritte.

Die kulturelle Blütezeit

Kunst und Kultur erreichten in dieser Zeit einen absoluten Höhepunkt. Neue Kunstformen und Stilrichtungen entwickelten sich in der **Malerei** und der **Architektur**

(Expressionismus, Kubismus, Futurismus, der „Blaue Reiter", das „Bauhaus"). Große **Komponisten** (Arnold Schönberg, Carl Orff) und **Literaten** (Thomas Mann, Bert Brecht, Gerhart Hauptmann, Franz Kafka, Hermann Hesse) trugen wesentlich bei zur Vielfalt des geistigen Lebens. Zahlreiche Künstler engagierten sich politisch in niveauvollen, überregionalen Tageszeitungen, in literarisch-politischen Zeitschriften und in Kabaretts. Berlin konnte sich als kulturelles Zentrum mit Paris und London messen.

Die Schwäche des Parlamentarismus

In den ruhigen Jahren Weimars schwächte sich der Radikalismus ab. Die radikalen Parteien erlitten in den Reichstagswahlen deutliche Verluste, die gemäßigten bürgerlichen Mittelparteien und die SPD verbuchten Gewinne. Diese Stabilität war aber nur relativ: Regierungskoalitionen wurden aufgrund der großen Parteienlandschaft immer schwieriger, die Regierungen waren nicht mehr effektiv. 1925 konnten die staatstragenden Parteien die Wahl Hindenburgs zum Reichspräsidenten nicht verhindern. Damit war die entscheidende Position mit einem Mann besetzt, dem Republik und Demokratie wesensfremd waren.

Hindenburg

(richtig: Paul von Beneckendorff und von Hindenburg, 2.10.1847 – 2.8.1934) Berufssoldat; Teilnehmer der Kriege von 1866, 1870/71 und 1914–18; im 1. Weltkrieg Oberbefehlshaber Ost und Generalfeldmarschall. Als Reichspräsident hielt er sich zwar formal an die Verfassung, setzte jedoch rechtsgerichtete, antidemokratische Regierungen ein.

6 Die Weimarer Republik

Der Untergang Weimars (1929–1933)

QUICK-FINDER

6.9 Wirtschaftliche und politische Krisensituation

- Die Weltwirtschaftskrise → **S. 105**
- Das Scheitern der Großen Koalition → **S. 105**

6.10 Die Präsidialkabinette 📺 Lern-Video

- Die Wirkungsweise der Präsidialkabinette → **S. 106**
- Das Kabinett Brüning (30.3.1930–30.5.1932) → **S. 106**
- Das Kabinett von Papen (parteilos, 1.6.–2.12.1932) → **S. 107**
- Die Reichspräsidentenwahl von 1932 → **S. 108**
- Das Kabinett von Schleicher (parteilos, 2.12.1932–28.1.1933) → **S. 108**
- Besonders wichtig: Warum scheiterte die Weimarer Republik? → **S. 108**

6.9 Wirtschaftliche und politische Krisensituation

Die Weltwirtschaftskrise

Sie begann Ende der 20er-Jahre in den USA mit einer Überproduktion von Konsumgütern und riskanten Börsenspekulationen. Der **Zusammenbruch der New Yorker Börse am 24.10.1929** („Black Thursday") löste eine schwere volkswirtschaftliche Krise in den USA aus. Sie griff im folgenden Jahr aufgrund der internationalen Finanz- und Wirtschaftsverflechtungen auf alle Industriestaaten über und bewirkte einen starken Produktionsrückgang, hohe Arbeitslosigkeit, Not und Existenzangst großer Bevölkerungsteile und innenpolitische Radikalisierung.

Das Scheitern der Großen Koalition

Die Reichstagswahl von 1928 erzwang eine Große Koalition aus SPD, DDP, Z, BVP und DVP, geführt von Reichskanzler Müller (SPD). Sie war von Anfang an labil. Der innenpolitisch heftig umkämpfte Young-Plan (1929) brachte zwar Verbesserungen bei den Reparationszahlungen, verschärfte jedoch die politische Radikalisierung, weil er 59 Jahre laufen sollte. Die Auseinandersetzungen zwischen Arbeitnehmern und Arbeitgebern bzw. ihren politischen Interessenvertretungen SPD und DVP nahmen zu, da beide konträre wirtschaftliche und soziale Vorstellungen hatten. Aufgrund der **Weltwirtschaftskrise** und der **Rückforderung der amerikanischen Kredite** brach 1930 auch die deutsche Wirtschaft zusammen.
Die Große Koalition wurde durch die Integrationsfigur Gustav Stresemann (DVP) zusammengehalten. Nach seinem Tode (3.10.1929) wurden die Differenzen immer

größer. Anlass für den Austritt der DVP aus der Regierung war der Streit über die Höhe der Arbeitslosenversicherung. Die Ursache aber lag tiefer: Beide Flügelparteien (SPD und DVP) befürchteten zunehmende Wählerverluste und waren deshalb am Erhalt der großen Koalition nicht mehr interessiert. Das **Scheitern der Großen Koalition** am 28.3.1930 war der Anfang vom Ende Weimars.

6.10 Die Präsidialkabinette

Lern-Video — www.sofatutor.com/klett/63

Die Wirkungsweise der Präsidialkabinette

Am 30. März 1930 ernannte Hindenburg Heinrich Brüning (Z) zum Reichskanzler. Mit ihm begann die kurze, aber entscheidende Phase der Präsidialregierungen. Diese waren nicht mehr vom Vertrauen des Reichstags abhängig, sondern ausschließlich vom Reichspräsidenten. Sie regierten nicht mehr verfassungskonform mit Unterstützung einer Reichstagsmehrheit, sondern mit Hilfe von **Notverordnungen** (Art. 48). Dies bedeutete einen starken politischen Rechtsruck und das **Ende der parlamentarischen Demokratie**. An ihre Stelle trat eine Notverordnungsdiktatur.

Das Kabinett Brüning (30.3.1930 – 30.5.1932)

Für den neuen Kanzler war trotz der schlechten wirtschaftlichen Situation die **Außenpolitik** vorrangig. Er wollte den Siegermächten die Zahlungsunfähigkeit Deutschlands demonstrieren und so ein **Ende der Reparationen** erreichen. Außerdem strebte er die militärische Gleichberechtigung Deutschlands an und dessen machtpolitischen Wiederaufstieg. Aus diesen Gründen ordnete er die Wirtschaftspolitik der Außenpolitik unter.

Seine **wirtschaftspolitischen Maßnahmen** waren ein scharfer Deflationskurs (künstliche Verknappung der umlaufenden Geldmenge), die drastische Kürzung der Staatsausgaben, die Senkung von Löhnen und Gehältern und die Erhebung von neuen Steuern. Dadurch erreichte er zwar einen ausgeglichenen Staatshaushalt, vergrößerte aber sehenden Auges die Not von Millionen Deutschen. Die Folgen waren die **politische Radikalisierung** und große Wahlgewinne der radikalen Parteien 1930 und 1932. Die NSDAP wurde die stärkste Partei und der Ruf nach dem „starken Mann" wurde immer lauter. Mit seiner Politik trug Brüning wesentlich zum Ende der Demokratie bei. Ende Mai 1932 entließ ihn Hindenburg, weil er ihm nicht rechts genug war.

Das Kabinett von Papen (parteilos, 1.6. – 2.12.1932)

Papen betrieb in Übereinstimmung mit Hindenburg eine entschiedene **Rechtspolitik**. Er strebte einen autoritären „Neuen Staat" an, der die politischen **Verhältnisse des Kaiserreichs** wiederherstellen sollte. Im Juli 1932 setzte Papen die preußische Regierung Braun (SPD) ohne verfassungsmäßige Grundlage ab und führte als Reichskommissar auch die preußische Regierung („Preußenschlag"). Die katastrophale wirtschaftliche Lage mit ca. 6 Mio. Arbeitslosen und die Radikalisierung der politischen Verhältnisse bestimmten nun die innere Situation Weimars. In den Reichstagswahlen von Juli und November 1932 erreichten allein die beiden radikalen Parteien NSDAP und KPD 51,8 % bzw. 50,0 % der Stimmen. Papens „Neuer Staat" ließ sich nur durch eine Revolution von oben mit Hilfe der Reichswehr schaffen. Dies hätte einen Bürgerkrieg bedeutet, den Hindenburg nicht mittragen wollte. Deshalb entließ er Papen.

Die Reichspräsidentenwahl von 1932

Die Wahl spiegelt die paradoxen politischen Verhältnisse der Weimarer Republik wider. Die staatstragenden Parteien konnten sich keinen eigenen Kandidaten mehr leisten, sondern mussten Hindenburg als das kleinere Übel unterstützen, um das größere Übel, nämlich Hitler, zu vermeiden. Ausgerechnet SPD, Z und DDP verhalfen dem ungeliebten Hindenburg im zweiten Wahlgang zum Sieg.

Das Kabinett von Schleicher (parteilos, 2.12.1932 – 28.1.1933)

Papens Nachfolger, General von Schleicher, hatte ein **sozialpolitisches Programm**. Er sah sein Ziel in der Verbesserung der wirtschaftlichen und sozialen Situation. Er konnte jedoch weder die SPD für eine Zusammenarbeit gewinnen noch die NSDAP spalten. Einflussreiche konservative Kreise wandten sich bald von dem „sozialen General" ab und suchten einen „starken Mann". Sie fanden ihn in Adolf Hitler. Als der Druck dieser Kreise stärker wurde, entließ Hindenburg Ende Januar 1933 von Schleicher.

> **Besonders wichtig:**
> **Warum scheiterte die Weimarer Republik?**
>
> Für das Scheitern der ersten deutschen Demokratie gibt es verschiedene Ursachen, die zusammenwirkten. Die wichtigsten Ursachen lagen sicherlich auf

Der Untergang Weimars (1929–1933)

dem Felde der Mentalität, der Einstellungen und des Denkens. Die Bevölkerung war mehrheitlich antidemokratisch und nicht bereit, das politische System auf Dauer zu akzeptieren; Parteien und Verbände waren zu zerstritten und den Anforderungen des Parlamentarismus nicht gewachsen.

Schwäche der demokratischen Tradition, Stärke der obrigkeitsstaatlichen Einstellungen: keine kontinuierliche demokratische Entwicklung, neue Staatsform von außen erzwungen, Übergang von Monarchie zur Republik zu schnell, Volk bleibt monarchisch, ist überwiegend antidemokratisch, antidemokratische Mentalität von Verwaltung, Justiz, Militär, Wissenschaft

Rolle der Parteien und Interessenvertretungen: destruktives Verhalten der staatsfeindlichen Parteien, Spaltung der Arbeiterschaft

Versagen bzw. Rolle einzelner Politiker: Hindenburg, Brüning, Papen, Hitler

Strukturelle Fehler der Weimarer Reichsverfassung: (s. S. 88 ff.)

Weimarer Republik

Wirtschaftliche Belastungen: Weltwirtschaftskrise, Brüning'sche Wirtschaftspolitik, Reparationen

Außenpolitische Belastungen als Folgen des Ersten Weltkriegs: Artikel 228 und 231, Gebietsverluste im Osten, polnischer Korridor, Selbstmitleid der Deutschen, mangelnde Bereitschaft, einen Modus vivendi zu finden

7 Das Dritte Reich

Der Weg zum totalitären Staat

QUICK-FINDER

7.1 Die „Machtergreifung"
- Die Ernennung Hitlers → **S. 111**
- War die Ernennung Hitlers legal? → **S. 112**
- Besonders wichtig: Wie konnte es zum Dritten Reich kommen? → **S. 112**

7.2 Hitler auf dem Weg zur Diktatur
- Die Reichstagsbrandverordnung → **S. 113**
- Die Reichstagswahl vom 5. März 1933 → **S. 113**
- Der Tag von Potsdam → **S. 114**
- Das Ermächtigungsgesetz → **S. 114**
- Erwerb und Sicherung der Macht durch Ausschaltung → **S. 115** Lern-Video
- Erwerb und Sicherung der Macht durch Gleichschaltung → **S. 116** Lern-Video
- Das Ende der „nationalen Revolution" → **S. 117**

7.1 Die „Machtergreifung"

Die Ernennung Hitlers

Der **30. Januar 1933** wurde von der NS-Propaganda mit dem unzutreffenden Begriff „Machtergreifung" beschrieben. Weder hatte die NSDAP bei der Ernennung Hitlers eine wichtige Rolle gespielt, noch ergriff er „die Macht". Dieser Begriff sollte der NSDAP das Image einer jungen, dynamischen und unaufhaltsamen Partei geben und Hitler als unabwendbare historische Gesetzmäßigkeit darstellen. **„Machtüberlassung"** ist deshalb der treffende Begriff.

> **Adolf Hitler**
>
> (20.4.1889 – 30.4.1945) Geboren in Braunau/Inn; entstammte kleinbürgerlichen Verhältnissen. Die Realschule musste er wegen schlechter Leistungen ohne Abschluss verlassen; scheiterte in Wien als Kunstmaler, eignete sich dort völkisch-nationale und antisemitische Einstellungen an; Kriegsfreiwilliger 1914–1918 in einem bayerischen Regiment als Melder an der Westfront; wurde Gefreiter, erhielt das Eiserne Kreuz I. Klasse; vorübergehende Erblindung im Oktober 1918 durch Senfgas; wurde im selben Jahr von einem Militärarzt nach psychiatrischer Behandlung als Psychopath eingestuft. 1925 gab er die österreichische Staatsbürgerschaft auf, war bis 1932 staatenlos. Erst die Pro-forma-Ernennung zum Regierungsrat des Freistaats Braunschweig verschaffte Hitler am 25.2.1932 die Voraussetzung für die Reichspräsidentenwahl (März 1932) und die Kanzlerschaft.

Das Dritte Reich

War die Ernennung Hitlers legal?

Nach dem Buchstaben der Verfassung erhielt Hitler das Amt des Reichskanzlers legal durch die Ernennung Hindenburgs (Art. 53 der Verfassung). Nach dem Geist der (demokratischen) Verfassung war die Übergabe der Macht an einen radikalen Antidemokraten allerdings illegal.

Besonders wichtig:
Wie konnte es zum Dritten Reich kommen?

Für die Frage, warum ein großes Kulturvolk sich scheinbar aus eigenem Willen einer Gruppe machthungriger Fanatiker ausgeliefert hat, gibt es zahlreiche Erklärungen. Neben den Ursachen für den Untergang Weimars spielten die folgenden Aspekte eine wichtige Rolle:

- Konservativ-monarchistische Kreise und Mitglieder der Oberschicht unterstützten Hitler, weil er den demokratischen Staat rigoros bekämpfte, weil sie ihn als „Trommler" einspannen wollten oder weil sie sich wirtschaftlichen Nutzen von ihm versprachen.
- Viele, aber keinesfalls alle Deutschen glaubten, dass angesichts der „undeutschen" Demokratie und der „abgewirtschafteten" Parteien nur ein starker Mann den „Karren aus dem Dreck ziehen" könne.
- Unterstützung fand Hitler vor allem beim Mittelstand (Handwerker, Gewerbetreibende, Kaufleute).
- Die breit gefächerte Ideologie und massive Propaganda der NSDAP ermöglichten es vielen, sich mit den Nationalsozialisten und deren Zielen zu identifizieren.

7.2 Hitler auf dem Weg zur Diktatur

Die Reichstagsbrandverordnung

Drei Tage nach seiner Regierungserklärung vom 1. 2. 1932, in der er sich gemäßigt und staatsmännisch gab, ließ Hitler zur Unterdrückung politischer Gegner wesentliche Grundrechte einschränken.

Der Brand des Reichstags in der Nacht zum 28. Februar gab ihm die Möglichkeit, mit aller Härte gegen die Opposition vorzugehen. Die „Verordnung des Reichspräsidenten zum Schutz von Volk und Staat" (**Reichstagsbrandverordnung**) vom **28. Februar 1933** setzte die Grundrechte „bis auf Weiteres" (= bis Kriegsende) außer Kraft. Den Reichstagsbrand schob Hitler der KPD in die Schuhe, obwohl es dafür keine konkreten Belege gab. Die tatsächliche Täterschaft ist bis heute nicht geklärt. Der Reichstagsbrand nützte jedoch ausschließlich der NSDAP bzw. Hitler: Die Reichstagsbrandverordnung schuf die Grundlage des pseudolegalen Terrors und des permanenten Ausnahmezustands, ermöglichte die Zerschlagung der KPD und die Ausschaltung der demokratischen Kräfte.

Die Reichstagswahl vom 5. März 1933

Trotz massiver Wahlbeeinflussung erreichte die NSDAP ihr Ziel der Alleinherrschaft nicht annähernd. Mit 43,9 % der Wählerstimmen war sie auf eine Koalition mit der DNVP (8,1 %) angewiesen. Da Hitler die Demokratie strikt ablehnte, strebte er die völlige und dauerhafte Ausschaltung des Parlaments an.

Der Tag von Potsdam
Am 21. März wurde in der Potsdamer Garnisonskirche, der Grabstätte Friedrichs des Großen, der Reichstag feierlich wiedereröffnet und Hitler als Reichskanzler vereidigt. Die NS-Propaganda bewertete den „Tag von Potsdam" als die „symbolische Versöhnung des neuen Deutschlands mit dem alten Preußen". Die Anwesenheit Hindenburgs und Hitlers staatsmännisches Auftreten machten im In- und Ausland großen Eindruck.

Das Ermächtigungsgesetz
Für die dauerhafte Ausschaltung des Parlaments brauchte Hitler eine Zweidrittelmehrheit der Abgeordneten. Er erreichte die Zustimmung des Reichstags, weil mit Ausnahme der verbotenen KPD und der ablehnenden SPD alle anderen Parteien aus Angst oder Resignation zustimmten. Sie machten sich auch vor, Hitler durch Zugeständnisse von einer Willkürherrschaft abhalten zu können.

Inhalt
Am **24. März 1933** trat das „Gesetz zur Behebung der Not von Volk und Reich" (**Ermächtigungsgesetz**) in Kraft. Es bestimmte: Auch die Regierung (Exekutive) kann Gesetze beschließen; derartige Gesetze können von der Verfassung abweichen, dürfen sich aber nicht gegen Reichstag, Reichsrat und den Reichspräsidenten richten. Damit hatte Hitler sein wesentliches Ziel erreicht.

Bedeutung
Das Ermächtigungsgesetz hatte eine außerordentlich große Bedeutung. Exekutive und Legislative waren nun in einer Hand vereint, und Hitler hatte die „legale" Möglichkeit, die Verfassung zu umgehen; der Reichstag hatte

sich als Kontrollorgan der Regierung aufgegeben, und das Ermächtigungsgesetz bildete mit der Reichstagsbrandverordnung die Grundlage der NS-Diktatur.

Erwerb und Sicherung der Macht durch Ausschaltung

Lern-Video — www.sofatutor.com/klett/64

Mit Hilfe der Reichstagsbrandverordnung und des Ermächtigungsgesetzes schaltete die NSDAP ihre politischen Gegner in kurzer Zeit aus:

- **Zerschlagung der Gewerkschaften** (2. Mai) durch deren Verbot. An ihre Stelle trat die von der NSDAP gelenkte Deutsche Arbeitsfront (DAF), die Arbeitgeber und Arbeitnehmer zwangsweise vereinte. Ihre Aufgabe bestand in der propagandistischen und praktischen Umsetzung der NS-Wirtschaftspolitik.
- **Verbot der SPD** (22. Juni), Beschlagnahmung des Parteivermögens, Verfolgung und Inhaftierung von SPD-Politikern und SPD-Funktionären.
- Von der NSDAP erzwungene Selbstauflösung der restlichen Parteien (27. Juni bis 5. Juli).
- Das **„Gesetz gegen die Neubildung von Parteien"** (14. Juli) erlaubte als einzige Partei die NSDAP und verbot Neugründungen. Damit war das Deutsche Reich ein Einparteienstaat.
- Der **„Röhm-Putsch"**: Der Führer der SA, Ernst Röhm, wollte diese am Aufstieg der NSDAP beteiligen. Er forderte soziale Verbesserungen für die Mitglieder und auch die Verschmelzung der Reichswehr und der SA zu einem Volksheer. Deshalb sah Hitler in ihm eine

Bedrohung. Er ließ ihn und die Führungsspitze der SA durch die SS (Schutzstaffel) in Bad Wiessee (am Tegernsee) und im ganzen Reich ermorden (30. Juni 1934, 1. und 2. Juli). Die SA verlor dadurch ihre Bedeutung an die SS, die direkt Hitler unterstellt wurde. Sein brutales und rechtswidriges Vorgehen rechtfertigte Hitler durch ein Gesetz vom 3. **Juli 1934** mit der Gefahr, die von dem (angeblichen) Röhm-Putsch ausgegangen wäre. In dieser Situation habe er als des deutschen Volkes oberster Gerichtsherr schnell und konsequent handeln müssen. Damit eignete er sich auch die Judikative an und hatte nun alle drei Gewalten in seiner Hand. **Deutschland** war damit eine **Diktatur**.

Erwerb und Ausbau der Macht durch Gleichschaltung

Lern-Video
www.sofatutor.com/klett/8q

Parallel zur Ausschaltung vollzog Hitler die Gleichschaltung der folgenden Institutionen mit der NSDAP:
- **Die Länder:** Ende März 1933 wurde das Ergebnis der Reichstagswahl auf alle Länder- und Kommunalvertretungen übertragen. Im Januar bzw. Februar 1934 erfolgte die Auflösung der Länder und des Reichsrats.
- **Die Beamtenschaft**: Das „Gesetz zur Wiederherstellung des Berufsbeamtengesetzes" (7.4.1933) „säuberte" die Beamtenschaft und zwang Beamte, sich mit der NSDAP bzw. der neuen Regierung zu identifizieren.

- **Justiz**: Sondererlasse und Sondergerichte veränderten die Rechtsgrundlagen entscheidend. Die Justiz wurde zum Werkzeug des Führers gemacht.
- **Polizei**: Sie musste Kompetenzen an Parteiinstitutionen abgeben. Die Geheime Staatspolizei (Gestapo) z. B. und der Sicherheitsdienst der SS (SD) überwachten die politischen Verhältnisse und gingen gegen Oppositionelle skrupellos vor.
- **Reichswehr**: Sie wurde seit dem 2. August 1934 nicht mehr auf die Verfassung, sondern auf Hitler vereidigt. Dies band sie stark an den Führer.
- Mitglieder bestimmter Berufe wurden durch **Bünde** gleichgeschaltet (z. B. NS-Rechtswahrerbund, NS-Lehrerbund. NS-Ärztebund).
- **Rundfunk, Presse, Kultur, Erziehung**: Die Goebbels unterstellte Reichskulturkammer kontrollierte das „gesunde Volksempfinden", grenzte „undeutsche Elemente" aus und organisierte die Erziehung der Jugend im nationalsozialistischen Sinn.

Das Ende der „nationalen Revolution"

Am **2. August 1934** starb Hindenburg. Per Gesetz (vom Vortag) vereinigte Hitler die Ämter des Reichspräsidenten und des Reichskanzlers. Er führte nun den Titel **„Führer und Reichskanzler"** und verkündete das **Ende der „nationalen Revolution"**.

7 Das Dritte Reich

Ideologie und politische Organisation

QUICK-FINDER

7.3 Die nationalsozialistische Ideologie
- Grundlagen → **S. 119**
- Elemente der nationalsozialistischen Ideologie → **S. 119**
- Hitlers Weltbild → **S. 121**

7.4 Der Führerstaat
- Die politische Struktur → **S. 121**
- Charakteristika des Führerstaats → **S. 122**
- Die Säulen des Führerstaats → **S. 122**
- Der Führerkult → **S. 123**
- Die Erfassung und Kontrolle der Bevölkerung → **S. 123**

7.3 Die nationalsozialistische Ideologie

Grundlagen
Als Hitler an die Macht kam, hatte er eine klare Ideologie, die in dem von ihm konzipierten NSDAP-Parteiprogramm (1920) und seinem Buch „Mein Kampf" (1925) bereits deutlich ist. Ihren Kern bildeten Rassenlehre und Lebensraumdoktrin (Gewinnung von „Lebensraum" im Osten Europas), die direkt oder indirekt die gesamte nationalsozialistische Innen- und Außenpolitik bestimmten.

> **Ideologie**
>
> (griech.: Ideenlehre): Gedankengebäude, das das Denken und die Wertevorstellungen eines Einzelnen oder einer Gruppe zusammenfasst und Anspruch auf Allgemeingültigkeit erhebt.

Elemente der nationalsozialistischen Ideologie
- **Sozial- oder Geschichtsdarwinismus**: Schon im 19. Jahrhundert wurde die Lehre von Charles Darwin verfälscht, indem das Prinzip des Überlebenskampfes auf den Menschen angewendet wurde (der Stärkste setzt sich durch). Hitler übernimmt dies.
- Die **Rassenlehre** teilt die Menschheit in höhere und niedere Rassen ein. An der Spitze steht dieser Ideologie zufolge die arische bzw. germanische (nordische) Rasse mit folgenden Charakteristika: Schönheit, hoher Wuchs, blaue Augen, blonde Haare, Tapferkeit, heldische Gesinnung. Zwischen den Rassen gebe es einen permanenten Kampf. Unterwerfung und Vernichtung der „minderwertigen" Rasse seien „natürlich". Die wesentliche Aufgabe des Staates sei die „Reinerhaltung der Rasse".

> **Arier, arisch**
>
> (altindisch: arya = der Edle): a) Angehöriger des indo-iranischen Zweiges der indogermanischen Sprachfamilie; b) in Deutschland 1933–1945 Einengung und Verschärfung: Arier seien die wertvollste Rasse.

- Der **Antisemitismus** ist die Zuspitzung der NS-Rassenlehre. Da das „minderwertige Judentum" die Reinheit der arischen Rasse permanent bedrohe, sei seine Vernichtung gerechtfertigt und „natürlich".
- **Elitedenken**: Das deutsche Volk, das an der Spitze der arischen Rasse steht, sei ein „Herrenvolk".
- **Gewaltprinzip**: Das Recht des Stärkeren wird als „natürliches" Mittel der Auslese (Selektion) gesehen. Der Kampf ums Dasein bestimme das Leben der Völker, der Krieg sei ein normales Mittel der Selektion auf dieser Ebene.
- **Nationalismus**: Eine extrem nationalistische Denkweise (Chauvinismus), die andere Nationen abwertet und Begriffe wie „Volks-", „Lebensgemeinschaft" betont.
- **Imperialismus**: Erhaltung und Ausbau der Macht durch Eroberung und Unterwerfung seien für ein starkes Volk, eine starke Rasse „legal". Hauptziel der imperialistischen Politik eines Staates sei es, seinem Volk den notwendigen Lebensraum zu erkämpfen und zu sichern.
- **Militarismus**: Nach außen gerichteter Militarismus ergibt sich zwangsläufig aus den bisherigen Elementen. Im Inneren ist er das bestimmende Strukturprinzip.
- Der **Sozialismus**: Er hat nichts mit dem Sozialismus der marxistischen Lehre zu tun. Der NS-Begriff geht

vom lateinischen Wort „socius" (Gefährte, Bundesgenosse) aus und hat die homogene Volksgemeinschaft zum Ziel.

Hitlers Weltbild
- Der Lebenskampf, das „Ringen um das tägliche Brot" sei ein ewiger Kampf;
- da der Lebensraum der Völker bemessen, ihr Lebenswille dagegen unermesslich sei, herrsche ein ewiger Kampf um Lebensraum;
- Krieg sei ein Naturzustand;
- das grundlegende Naturgesetz sei deshalb: Sieg oder Untergang;
- oberste Ziele des Staates seien Vorbereitung und Durchführung des Lebenskampfes. Diesen Zielen sollen sich Innen-, Außen- und Wirtschaftspolitik unterordnen;
- der Staat habe keinen Eigenwert: er sei lediglich Mittel zum Zweck in der Hand der politischen Führung;
- der Erfolg rechtfertige alle Mittel;
- NS-Moral bedeute ausschließlich Bindung an diese Ziele und Prinzipien.

7.4 Der Führerstaat

Die politische Struktur
Das Dritte Reich war ein **Führerstaat** mit Hitler als unangefochtener Führungsperson. Allerdings gab es unterhalb der Führerebene eine von Hitler bewusst geschaffene **Kompetenzvielfalt** konkurrierender Staats- und Parteiämter. Dies hatte zwei Gründe: Zum einen wurde dadurch die überragende Stellung Hitlers als Führer

betont sowie seine (angebliche) Allmacht und Unersetzlichkeit. Zum anderen überwachten und neutralisierten sich die hohen NS-Funktionäre gegenseitig. Vor allem im Bereich des Beamtentums, der Verwaltung und der Wirtschaft wurden neue Parteiinstitutionen geschaffen, die oft von Sonderbeauftragten geführt wurden. Diese unterstanden direkt Hitler und hatten gegenüber den staatlichen Institutionen die wirkliche Entscheidungsgewalt. Derartige Sonderbeauftragte waren z.B. der „Generalinspekteur für das deutsche Straßenwesen" (Fritz Todt), der „Reichsjugendführer" (Baldur von Schirach) oder der „Reichsführer SS und Chef der Deutschen Polizei" (Heinrich Himmler). Hermann Göring hatte eine Reihe derartiger Sonderfunktionen inne.

Charakteristika des Führerstaats
- Allein der Wille des Führers gilt;
- es gibt keinen Zweifel an ihm, keine Kritik;
- er unterliegt in seinem Handeln keinerlei Bindung an den Staat. Dieser ist lediglich sein Werkzeug, das er nach Belieben einsetzt;
- auf den Führer sind alle staatlichen und parteilichen Institutionen ausgerichtet;
- es gilt der Grundsatz: Befehlsgewalt nach unten, Verantwortung und Gehorsam nach oben.

Die Säulen des Führerstaates
Der Führerstaat stützte sich auf vier Institutionen: **Regierungsapparat und Verwaltung** (keinerlei Entscheidungskompetenzen); **Justiz** (ausschließlich an Führerwillen gebunden); **Polizeiapparat** unter Führung der SS (nicht an Gesetze gebunden); **Parteiapparat** (Erfassung und Lenkung des Volkes, Besetzen wichtiger Positionen).

Der Führerkult
Er ist ein charakteristisches Element des Führerstaats. Er besteht in der maßlosen Überhöhung und Verherrlichung des Führers, spricht ihm übermenschliche, mystische Kräfte zu, unterstellt Unfehlbarkeit und macht Kritik an ihm zum „volksschädigenden Verhalten", gleichsam zum Sakrileg (= Gotteslästerung). Der Führerkult wird zum Religionsersatz und der pseudoreligiöse Charakter des Führers („von Gott gesandt", „alles liegt in seiner Hand" etc.) wird von der Propaganda permanent betont.

Die Erfassung und Kontrolle der Bevölkerung
Der Nationalsozialismus behandelte als **totalitärer Staat** seine Bürger in typischer Weise: Er schaltete jegliche Individualität durch Terror, Verfolgung und Unterdrückung aus und forderte die bedingungslose Einordnung in die Masse („Du bist nichts, dein Volk ist alles!"). Er kontrollierte und beeinflusste den gleichgeschalteten Bürger permanent und auf allen Ebenen, um so einen „neuen Menschen" schaffen zu können. Mittel und Methoden dazu waren die Massenorganisationen, die Schulen, die gelenkte Kultur, NS-Feiertage, Kundgebungen, Massenveranstaltungen (z. B. Reichsparteitage) und Reden hoher NS-Funktionäre (u. a. im Radio = „Volksempfänger").

> **Totalitärer Staat**
>
> Herrschaftsform einer extremen Diktatur, die alle gesellschaftlichen und politischen Bereiche erfasst, reglementiert, lenkt und kontrolliert. Sie erlaubt keinen staatsfreien Lebensbereich und unterdrückt die freie Willensäußerung.

7 Das Dritte Reich

NS-Wirtschaftspolitik, NS-Außenpolitik und Zweiter Weltkrieg

QUICK-FINDER

7.5 Die nationalsozialistische Wirtschaftspolitik
- Ziele → **S. 125**
- Maßnahmen → **S. 125**
- Die Mefo-Wechsel → **S. 126**
- Der Vierjahresplan (1936) → **S. 126**
- Die Bewertung der NS-Wirtschaftspolitik → **127**

7.6 Die nationalsozialistische Außenpolitik
- Hitlers außenpolitischer Stufenplan → **S. 128**
- Die NS-Außenpolitik 1933–1936 → **S. 129**
- Die NS-Außenpolitik 1937–1939 → **S. 130**

7.7 Der Zweite Weltkrieg
- Die „Entfesselung" des Kriegs → **S. 132**
- Die Blitzkriege (1939/40) → **S. 132**
- Die Ausweitung des Kriegs (1941/42) → **S. 133**
- Rückzug und Niederlage (1943–1945) → **S. 134**

7.5 Die nationalsozialistische Wirtschaftspolitik

Ziele
Die NS-Wirtschaftspolitik strebte zwei kurzfristige und ein langfristiges Ziel an: Die rasche Schaffung von Arbeitsplätzen, den damit verbundenen propagandistischen Gewinn, der eine wichtige Voraussetzung für den Ausbau der Macht war und die „Wehrhaftmachung" Deutschlands, die Ende der Dreißigerjahre abgeschlossen sein sollte.

Maßnahmen
- Einführung des sechsmonatigen obligatorischen **Reichsarbeitsdienstes** (RAD) für alle 18- bis 21-Jährigen;
- Einführung der allgemeinen **Wehrpflicht** 1935 (2 Jahre). Dadurch wurde zusammen mit dem RAD fast die gesamte männliche Bevölkerung beschäftigt;
- Propagierung der **Rolle der Frau als Mutter** und „Sachwalterin des Hauses". Außerhäusliche Arbeit galt, von notwendigen Ausnahmen abgesehen, als „untypisch". und „wesensfremd";
- **Staatsaufträge** (Autobahnen, Kasernen, Parteigebäude, „Denkmäler des neuen Reichs");
- Stärkung und Ausbau des Transportwesens, Ankurbelung der **Autoindustrie**;
- Förderung des **privaten Wohnungsbaus**;
- Intensive **Förderung von Forschungs- und Entwicklungsprojekten**, die Importe ersparen und langfristig das Deutsche Reich in wichtigen Bereichen autark (wirtschaftlich unabhängig) machen sollten.

Die Mefo-Wechsel

Das Hauptproblem der NS-Wirtschaftspolitik war die Beschaffung von Geldmitteln für den Auf- und Ausbau der geheim betriebenen Rüstungsindustrie. Um die Westmächte nicht misstrauisch zu machen, schuf Hitlers Finanzexperte Hjalmar Schacht eine **Nebenwährung**: Die Reichsbank, die Reichswehr und die größten deutschen Rüstungskonzerne gründeten im Mai 1933 eine **Scheinfirma**, die **Metallurgische Forschungs-GmbH (Mefo)**. Über sie liefen Rüstungsaufträge, die mit Mefo-Wechseln bezahlt wurden. Diese wurden von der Reichsbank garantiert und sollten erst nach fünf Jahren eingelöst werden. So entstand eine Nebenwährung von 12 Mrd. Reichsmark, die in die Schlüsselindustrien (Eisen- und Stahlerzeugung, Auto-, Flugzeug- und Maschinenbau) investiert wurde.

Der Vierjahresplan (1936)

Er sollte das Deutsche Reich in kurzer Zeit „wehrhaft", d. h. kriegsfähig machen. Deshalb hatten sich alle Wirtschaftsbereiche der **Rüstungswirtschaft** unterzuordnen. In seiner geheimen Denkschrift zum Vierjahresplan nannte Hitler die Maßnahmen, mit denen die **Kriegsfähigkeit der Wirtschaft in vier Jahren** erreicht werden sollte: Ausbau der Brenn- und Treibstoffindustrie, Förderung von militärisch nutzbarer Forschung, Siche-

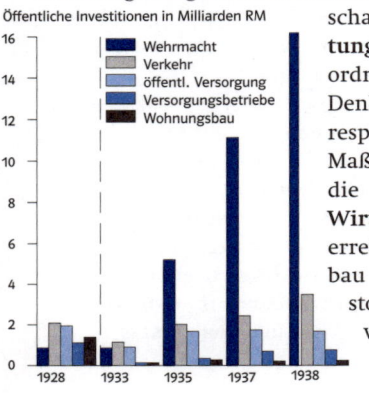

Öffentliche Investitionen in Milliarden RM
- Wehrmacht
- Verkehr
- öffentl. Versorgung
- Versorgungsbetriebe
- Wohnungsbau

rung notwendiger Rohstoffe „ohne Rücksicht auf Kosten", Preis- und Lohnstopp und gelenkter Einsatz von Arbeitskräften in rüstungswichtigen Bereichen.

> **Lehrer-Tipp: Auswertung einer Statistik**
>
> „Statistiken vermitteln leicht den Eindruck von Objektivität und Verlässlichkeit. Da sie jedoch in Auftrag gegeben werden, können sie subjektiv, geschönt oder sogar gefälscht sein. Bei der Auswertung musst du deshalb besonders auf drei Dinge achten:
>
> Was wird statistisch erfasst? Wer ist der Auftraggeber der Statistik? Ist die Befragung repräsentativ/aussagekräftig?"
>
> Walter Göbel, Gymnasiallehrer in Würzburg

Die Bewertung der NS-Wirtschaftspolitik

Die NS-Propaganda bewertete die NS-Wirtschaftspolitik als erfolgreich, als „geniale" Leistung Hitlers. Diese Einschätzung ist aus folgenden Gründen falsch:

- Der Höhepunkt der Weltwirtschaftskrise war bei Amtsantritt Hitlers bereits überschritten.
- Hitler kam es in der Anfangsphase ausschließlich auf kurzfristige Erfolge an. Viele Maßnahmen (z. B. Bau der Autobahnen, Bau von „Denkmälern des neuen Reichs") waren **volkswirtschaftlich wenig sinnvoll** und dienten in erster Linie der Propaganda und der Selbstdarstellung.
- Die Vorrangigkeit der Rüstungspolitik und der außenpolitischen Ziele erzeugte eine ausgeprägte Grundsatzlosigkeit in der Planung anderer Wirtschaftsbereiche.

- Der Lebensstandard der Bevölkerung von 1928 wurde im Dritten Reich nicht erreicht. Wirtschaft bedeutete seit 1936 nicht Volkswirtschaft, sondern Rüstungswirtschaft mit angegliederten Versorgungsbereichen.
- Volkswirtschaftlich war diese Wirtschaftspolitik auf lange Sicht äußerst **riskant und ruinös**. Sie hätte nur funktionieren können, wenn die übergeordneten außenpolitischen Ziele (gewonnener Krieg, „Lebensraum" im Osten) Realität geworden wären.

7.6 Die nationalsozialistische Außenpolitik

Hitlers außenpolitischer Stufenplan
Der Aufstieg Deutschlands zur Weltmacht sollte in vier Schritten erfolgen:
1. Erringung und Ausbau der Macht im Innern als Voraussetzung für eine imperialistische Außenpolitik;
2. Hegemonie in Zentraleuropa;
3. Gewinnung eines kolonialen „Ergänzungsraums" in Afrika. Auf diesem Weg sollte Deutschland eine der vier Weltmächte neben den USA, dem britischen Empire und Japan werden.
4. Als letzten, entscheidenden Schritt erwartete Hitler einen Entscheidungskampf um die Weltherrschaft zwischen den USA und Deutschland. Hierfür sollte die Neutralität Japans und nach Möglichkeit ein Bündnis mit dem „germanischen" Großbritannien erreicht werden.

Die NS-Außenpolitik 1933 – 1936

Diese Phase ist gekennzeichnet von einer Mischung aus **Vertragspolitik, Verstößen gegen den Versailler Vertrag** und **Friedensbeteuerungen**.

- 5.5.1933: Verlängerung des Berliner Vertrags mit der UdSSR von 1926.
- 17.5.1933: In seiner **Reichstagsrede** beschwichtigte Hitler das Ausland, gab sich friedliebend und versprach die Einhaltung des Versailler Vertrags. Am 3. Februar 1933 hatte er in einer geheimen Rede der Führungsspitze der Reichswehr sein übergeordnetes Ziel erklärt: Eroberung von neuem „Lebensraum" im Osten und dessen „rücksichtslose Germanisierung".
- 20.7.1933: Das **Konkordat mit dem Vatikan** (politische Neutralität der Kirche, deren Bestand dafür nicht angetastet werden soll) wertete Hitler in den Augen vieler Katholiken stark auf.
- 19.10.1933: **Austritt aus dem Völkerbund**, da dieser auf Betreiben Frankreichs die militärische Gleichberechtigung Deutschlands verweigert hatte.
- 26.1.1934: Der **deutsch-polnische Nichtangriffspakt** bedeutete nach außen hin eine Abkehr von der Ostpolitik der Weimarer Republik. Für Hitler hatten Bündnisse und Verträge jedoch keine grundsätzliche Bedeutung. Sie wurden nur so lange eingehalten, wie sie opportun waren.
- 13.1.1935: In der **Saarabstimmung** votierten über 90 % der Saarländer für die Rückkehr ins Reich. Dieses Ergebnis wertete die NS-Propaganda als Zustimmung des Saarlands zum „neuen Deutschland".
- 16.3.1935: **Wiedereinführung der allgemeinen Wehrpflicht** (= Verstoß gegen den Versailler Vertrag).

Das Dritte Reich

- 18.6.1935: Das **deutsch-britische Flottenabkommen**, das ein Wettrüsten verhindern sollte, legte fest: Das Deutsche Reich darf 35 % der britischen Schiffsstärke und 45 % der britischen U-Boote besitzen.
- 7.3.1936: Die **Besetzung des entmilitarisierten Rheinlands** (Verstoß gegen den Versailler Vertrag). In seiner Reichstagsrede vom selben Tag beschwichtigte Hitler das Ausland mit der Aussage: „Wir haben in Europa keine territorialen Forderungen zu stellen."
- Juli 1936 – April 1939: Im **spanischen Bürgerkrieg** erprobte die deutsche Luftwaffe („Legion Condor") ihre Kriegsmaschinerie.
- 25.10.1936: Die **„Achse Berlin-Rom"** schloss die Annäherung der beiden faschistischen Diktatoren (Hitler, Mussolini) ab.
- 25.11.1936: Deutschland und Japan unterzeichneten den gegen die UdSSR gerichteten **Antikominternpakt**.

Komintern
Von der UdSSR geführte Kommunistische Internationale.

Die NS-Außenpolitik 1937 – 1939
Die zweite Phase wurde bestimmt von einer aggressiven Außenpolitik und der gezielten Vorbereitung des Krieges:

- 5.11.1937: **„Hoßbach-Protokoll"**: Das von Oberst Hoßbach angefertigte Protokoll einer Besprechung Hitlers mit der Reichswehrspitze belegt Hitlers Kriegsabsicht. Es sei sein „unabänderlicher Beschluss, spätestens 1943/45 die deutsche Raumfrage zu lösen". Hierfür könne es nur „den Weg der

NS-Außenpolitik

Gewalt" geben. Bei günstigen Verhältnissen werde man schon im nächsten Jahr „losschlagen".

- 12.3.1938: Der **„Anschluss Österreichs"**. Nach starkem Druck auf den österreichischen Kanzler Schuschnigg marschierten deutsche Truppen in Österreich ein, das Teil des Deutschen Reichs wurde. Die Westmächte protestierten ohne großen Nachdruck.
- 29.9.1938: Das **Münchner Abkommen**: Die NS-Propaganda verschärfte die Spannungen zwischen den 3,5 Mio. Sudetendeutschen und dem tschechoslowakischen Staat. Um den von Hitler angedrohten Krieg zu verhindern, unterzeichneten Großbritannien, Frankreich, Italien und das Deutsche Reich das Münchner Abkommen. Das Sudetenland wurde Teil des Deutschen Reichs. Hitler erklärte, er habe keine weiteren territorialen Forderungen.
- 30.9.1938: Die **Nichtangriffserklärungen mit Großbritannien und Frankreich** (6.12.1938) sollten ein Engagement der Westmächte in Osteuropa verringern.
- 16.3.1939: Die „Erledigung der Resttschechei". Nach massiven Drohungen Hitlers legte der tschechoslowakische Staatspräsident Hacha „das Schicksal des tschechischen Volkes vertrauensvoll in die Hände Hitlers". **Böhmen und Mähren** wurden als „Protektorat" (= Schutzgebiet) ans Reich angegliedert, die Slowakei blieb unabhängig, wurde de facto aber ein Satellitenstaat des Deutschen Reichs.
- 22.3.1939: Das **Memelland** „kehrt heim ins Reich". Litauen versprach sich vom Deutschen Reich Sicherheit gegen die UdSSR und gab deshalb das unter seiner Verwaltung stehende Memelgebiet zurück.

- Ende März 1939: Der **"Fall Weiß"**: Großbritannien und Frankreich gaben nun ihre Appeasement-Politik (Beschwichtigungspolitik) auf und garantierten Ende März die Unabhängigkeit des polnischen Staates. Hitler sah die Westmächte als schwach und feige an und befahl, den „Fall Weiß" („Erledigung Polens") schnellstmöglich zu bearbeiten.
- 22.5.1939: Der **Stahlpakt**. Kurz nachdem Hitler den Nichtangriffspakt mit Polen (von 1934) und das deutsch-britische Flottenabkommen gekündigt hatte, sicherte Italien dem Deutschen Reich militärische Unterstützung im Kriegsfalle zu.
- **23.8.1939**: Der **"Hitler-Stalin-Pakt"**: Im deutsch-sowjetischen Nichtangriffsvertrag legten die beiden Diktatoren ihre Interessengebiete in Osteuropa „im Falle eines Krieges" fest.

7.7 Der Zweite Weltkrieg

Die „Entfesselung" des Kriegs
Der angebliche Überfall polnischer Soldaten auf den deutschen Radiosender Gleiwitz gab Hitler den Anlass, Polen am **1. September 1939** zu überfallen. Zwei Tage nach dem **Überfall auf Polen** erklärten die Westmächte dem Deutschen Reich den Krieg. Der Begriff „Entfesselung" verdeutlicht die Kriegsabsicht Hitlers.

Die Blitzkriege (1939/40)
Der **Polenfeldzug** dauerte aufgrund der militärischen Überlegenheit der deutschen Truppen knapp drei Wochen. Ostpolen besetzte die UdSSR, Posen und Westpreußen wurden ins Deutsche Reich eingegliedert, der

Rest wurde als „Generalgouvernement für die besetzten polnischen Gebiete" deutsches Besatzungsgebiet.

Die Besetzung Dänemarks und Norwegens: Um die wichtigen Erzimporte aus dem neutralen Schweden zu sichern, griff Hitler am 9. April 1940 die beiden skandinavischen Staaten an. Dänemark wurde ohne Widerstand, Norwegen nach zähen Kämpfen am 10. Juni besetzt.

Der **Westfeldzug** gegen Frankreich begann am 10.5.1940. Die Deutschen drangen durch Belgien und Holland vor und umgingen die stark befestigte französische Ostgrenze (Maginot-Linie). Bereits am 22. Juni musste Frankreich zu Compiègne kapitulieren. Den größeren nördlichen Teil und die Atlantikküste besetzten die deutschen Truppen. Der südliche wurde im Einvernehmen mit der deutschen Besatzung von Marschall Pétain regiert.

Die **Luftschlacht um England** (Juli–November 1940) bedeutete den ersten Rückschlag. Die Lufthoheit über dem Ärmelkanal konnte nicht errungen werden. Damit entfiel die Voraussetzung für eine Invasion Englands und ein Ende des Westfeldzuges war nicht mehr abzusehen, zumal Hitler durch einen unverständlichen Haltebefehl Ende Mai 1940 der bei Dünkirchen eingekreisten britischen und französischen Armee die Gelegenheit gegeben hatte, knapp 370 000 Soldaten nach England zu transportieren. Mit der Luftschlacht um England endete die Phase der „Blitzkriege".

Die Ausweitung des Kriegs (1941/42)
Nordafrika. Im Frühjahr 1940 hatte Italien das britisch besetzte Ägypten angegriffen. Die italienischen Truppen

konnten den britischen nicht standhalten, und deutsche Truppen mussten im Februar 1941 eingreifen.

Der **Balkanfeldzug** (6.4.–1.6.1941) sollte zur „Neuordnung Südosteuropas" führen. Er endete nach erbitterten und verlustreichen Kämpfen mit der Kapitulation Griechenlands und Jugoslawiens.

Mit dem **Überfall auf die Sowjetunion** (22.6.1941) begann Hitler ohne zwingende Notwendigkeit den Krieg im Osten. Für diese strategisch unverständliche Maßnahme gibt es eine Reihe von Gründen: Hitler wollte die reichen Rohstoffquellen (z.B. die kaukasischen Erdölfelder) sichern, einem eventuellen sowjetischen Präventivschlag zuvorkommen und den „bolschewistischen Erzfeind" ausmerzen. Der rasche Vorstoß der deutschen Truppen kam wegen der klimatischen Bedingungen im Herbst ca. 40 km vor Moskau zum Erliegen. Im folgenden Jahr wirkten sich die unzureichende Vorbereitung des Ostfeldzuges und Hitlers Selbstüberschätzung unheilvoll aus. Die deutschen Truppen konnten nicht weiter vorrücken, wichtige militärische Ziele wurden nicht erreicht.

Am 7. Dezember 1941 griffen japanische Bomber den US-Flottenstützpunkt **Pearl Harbor** (Hawaii) an und zerstörten einen Teil der w-Flotte. Dies bedeutete den Kriegseintritt Japans und der USA. Aus dem europäischen Krieg war nun ein Weltkrieg geworden.

Rückzug und Niederlage (1943–1945)

Die militärische Situation in **Nordafrika** verschlechterte sich Ende 1942 nach anfänglichen Erfolgen aufgrund des fehlenden Nachschubs drastisch, und Anfang Mai 1943 mussten die deutschen Truppen kapitulieren. Damit war die Südflanke Europas für einen alliierten Angriff offen, zumal Italien nach der Kapitulation dem Deutschen Reich am 13. Oktober den Krieg erklärte.

Die Schlacht um **Stalingrad** war die Wende im Russlandfeldzug. Die 6. Armee musste am **2. Februar 1943** kapitulieren. Von ca. 240 000 deutschen Soldaten überlebten nur ca. 6000 die Schlacht bzw. die Kriegsgefangenschaft. Der Krieg im Osten unterschied sich von dem im Westen grundlegend. Er war ein Vernichtungs- und Versklavungskrieg, der von beiden Seiten mit größter Brutalität geführt wurde. Mit Stalingrad begann der Rückzug.

Goebbels rief am **18.2.1943** den **totalen Krieg** aus und das Deutsche Reich mobilisierte die letzten Kraftreserven. Dennoch war das Ende des Krieges nur noch eine Frage der Zeit. Alliierte Bombergeschwader legten deutsche Städte ohne wirksame Gegenwehr in Schutt und Asche.

Die **Landung der Alliierten in der Normandie** (6. Juni 1944) leitete das Kriegsende ein.

Die **bedingungslose Kapitulation** des Deutschen Reichs am 7. Mai 1945 gegenüber den Westmächten (Reims) und am **8. Mai** gegenüber der UdSSR (Berlin-Karlshorst) beendete den Krieg in Europa.
Die Zerstörung von Hiroshima und Nagasaki durch amerikanische Atombomben beendete im August 1945 den Zweiten Weltkrieg, der insgesamt 55 Mio. Menschen das Leben kostete.

7 Das Dritte Reich

Der Unrechtscharakter des Dritten Reichs und der Widerstand

QUICK-FINDER

7.8 Der Unrechtscharakter des Dritten Reichs

- Der NS-Terror in Deutschland → **S. 137**
- Besonders wichtig: Die Verfolgung der Juden → **S. 137**
- Die „Behandlung" der unterworfenen Völker → **S. 139**

7.9 Der Widerstand 🎬 Lern-Video

- Beweggründe → **S. 139**
- Widerstand einzelner Gruppen → **S. 140**
- Kirchlicher Widerstand → **S. 140**
- Militärischer Widerstand → **S. 141**
- Opposition und Widerstand der Jugend → **S. 141**
- Attentatsversuche Einzelner → **S. 141**
- Die Bewertung des Widerstands → **S. 141**

7.8 Der Unrechtscharakter des Dritten Reichs

Der NS-Terror in Deutschland

Politische Gegner und Mitglieder von Randgruppen (Sinti und Roma, Zeugen Jehovas, jugendliche Außenseiter, Homosexuelle, Pazifisten) wurden als „Volksschädlinge" oder als „artfremd" abgestempelt, in Konzentrationslagern inhaftiert, unmenschlich behandelt oder ermordet.

> **Konzentrationslager**
>
> In Konzentrationslagern waren politische Gegner, Artfremde und Zwangsarbeiter völlig der Willkür von SA und SS ausgeliefert. Prügelstrafen, Essensentzug, unmenschliche Arbeit und Folterungen waren an der Tagesordnung. Im März 1944 gab es 22 Konzentrationslager mit 165 angeschlossenen Arbeitslagern.

Auch die ca. 9 Mio. „Fremdarbeiter" (Kriegsgefangene, Verschleppte) wurden oft unmenschlich behandelt. Ende 1939 verordnete ein Führererlass die planmäßige Tötung „lebensunwerten Lebens" (Schwerbehinderte, unheilbare Pflegefälle; NS-Begriff: „Euthanasie", griech. = guter Tod). Proteste einzelner prominenter Kirchenmitglieder führten zur offiziellen Einstellung der Euthanasie.

> **Besonders wichtig: Die Verfolgung der Juden**
>
> Hetze und Terror begannen mit vereinzelten Aktionen gegen jüdische Kaufhäuser, Geschäfte und Privatpersonen. Sie umfassten Boykottaufrufe, Drohungen und Diskriminierungen sowie die Ausgrenzung von jüdischen Beamten, Künstlern und Literaten.

Die **„Nürnberger Gesetze"** (**15. 9. 1935**) bildeten die pseudorechtliche Grundlage der zielgerichteten Judenverfolgung. Das „Reichsbürgergesetz" bestimmte, dass nur Reichsbürger (= Staatsangehörige deutschen oder „artverwandten Bluts") die vollen politischen Rechte besaßen. Das „Gesetz zum Schutz des deutschen Blutes und der deutschen Ehre" verbot Eheschließungen und den Geschlechtsverkehr zwischen Juden und Reichsbürgern. Bestehende Ehen mussten aufgelöst werden. Der Unrechtscharakter dieses Gesetzes ergibt sich aus dem moralischen Aspekt und daraus, dass es rückwirkend bestrafte.

Die systematische Einengung des Lebens- und Freiheitsraums der Juden begann 1938 mit Berufs-, Besitz-, Aufenthalts- und Nutzungsverboten sowie mit diskriminierenden Maßnahmen. Ein erster Höhepunkt dieser massiven Judenverfolgung war die von Goebbels inszenierte „Reichskristallnacht" (richtig: **Reichspogromnacht**, 9./10. November 1938). Synagogen und Geschäfte wurden zerstört, Juden misshandelt und ermordet. Da die deutsche Bevölkerung sehr betroffen auf das brutale Vorgehen der SA reagierte, beendete Goebbels nach einem Tag das Pogrom (= Judenverfolgung). In der Folgezeit wurden die Gettoisierung der Juden und ihre Einweisung in Konzentrationslager systematisch betrieben.

Die **„Endlösung" (NS-Begriff)** wurde auf der **Wannsee-Konferenz (20. 1. 1942)** beschlossen. Sie bedeutete die Erfassung aller Juden in Deutschland und den besetzten Gebieten sowie ihren Abtransport in Vernichtungslager in Polen (Majdanek, Sobibor, Chelmno, Belzec, Treblinka, Auschwitz) und Weißrussland.

> In den Konzentrations- und Vernichtungslagern wurden ca. 6 Mio. Juden durch unmenschliche Lebens- und Arbeitsbedingungen, durch Erschießen oder Vergasung massenweise ermordet. Aufgrund dieser ungeheuren Zahl und der gnadenlosen Systematik der Vernichtung entstanden die Begriffe „Holocaust" (griech. holocaustos = völlig verbrannt, vernichtet) bzw. Genozid (lat. = Völkermord).

Die „Behandlung" der unterworfenen Völker

„Rassisch wertvolle" Völker (z. B. Holländer, Flamen, Skandinavier) sollten „blutlich veredelt" und ihre Gebiete ins Deutsche Reich eingegliedert werden. Die „minderwertigen" slawischen Völker Osteuropas sollten umgesiedelt, versklavt und/oder vernichtet werden. Derartige Maßnahmen führten zur Ermordung von mindestens 1 Mio. Polen und Russen. Die slawischen „Sklavenvölker" sollten nur eine geringe Schulbildung erhalten, ihre Gebiete sollten besetzt, verwaltet und ausgebeutet werden.

7.9 Der Widerstand

Lern-Video — www.sofatutor.com/klett/65

Beweggründe

Hauptursachen waren die Beseitigung der Demokratie, die Missachtung menschlicher Freiheit und Würde, die Verfolgung von Andersdenkenden und Minderheiten, die Anzettelung des Kriegs sowie die Dokumentation gegenüber dem Ausland, dass nicht alle Deutschen Nazis waren.

Widerstand einzelner Gruppen

Den bürgerlichen Widerstand betreiben Wissenschaftler, Juristen, konservative Bürgerliche, Großgrundbesitzer und Gewerkschafter. Sie entwarfen demokratische Staatsmodelle für die Zeit nach dem Dritten Reich. Konkrete Umsturzpläne betrieb nur die Gruppe um **Carl Friedrich Goerdeler**.

Die Gruppen „Roter Stoßtrupp" und „Neu Beginnen" bestanden überwiegend aus Arbeitern und Angestellten. Ihr Widerstand bestand darin, gegen das NS-Regime gerichtete Schriften zu verbreiten.

Die **„Rote Kapelle"** (Künstler, Journalisten, Schriftsteller, Linksintellektuelle), die größte und aktivste Widerstandsgruppe, verteilte Flugblätter, organisierte Sabotageakte und versorgte die UdSSR mit Spionagematerial.

Kirchlicher Widerstand

Die katholische Kirche arrangierte sich rasch mit dem NS-Regime, zumal der Nationalsozialismus auch bei Geistlichen durchaus Sympathien genoss. Widerstand wurde von einzelnen Mitgliedern des hohen Klerus betrieben (z. B. Bischof von Galen) und von zahlreichen mutigen niederen Geistlichen vor Ort.

Die evangelische Kirche spaltete sich. Die „Deutschen Christen" unterstützten den Nationalsozialismus. Die Pastoren Martin Niemöller und Dietrich Bonhoeffer jedoch gründeten die **„Bekennende Kirche"** (1933) und den **„Pfarrernotbund"** (1934). Beide Gruppen distanzierten sich deutlich vom Nationalsozialismus. Insgesamt setzten sich jedoch Kirchen nicht geschlossen und ohne Nachdruck ein.

Militärischer Widerstand

Er entstand erst im Jahre 1943. Die führenden Widerstandskämpfer waren Henning von Tresckow und **Claus Schenk von Stauffenberg**. Dessen Versuch, Hitler am 20.7.1944 im ostpreußischen Führerhauptquartier Wolfsschanze mit einer Bombe zu töten, misslang, und der militärische Widerstand wurde zerschlagen.

Opposition und Widerstand der Jugend

Aufgrund der permanenten Bevormundung gingen viele Jugendliche in Opposition. Sie protestierten auf vielfältige Weise (Kleidung, amerikanische Musik, Wandparolen, Flugblätter). Die bekannteste Gruppe war die **Weiße Rose**. Sie bestand aus Münchner Studenten um die Geschwister Hans und Sophie Scholl und wandte sich in Flugblättern gegen das NS-Regime. Im Februar 1943 wurde sie zerschlagen und die führenden Mitglieder hingerichtet.

Attentatsversuche Einzelner

Insgesamt wurden mehr als 40 Attentatsversuche Einzelner oder kleiner Gruppen gegen Hitler geplant oder verübt. Alle scheiterten aus unterschiedlichen Gründen.

Die Bewertung des Widerstands

Die Ausschaltung der Grundrechte, der Parteien und des Parlaments, die Zerstrittenheit der Arbeiterschaft, der NS-Polizeistaat sowie Hitlers innen- und außenpolitische Erfolge verhinderten einen einheitlichen, wirksamen Widerstand. Entscheidend war jedoch, dass die Mehrheit der Deutschen traditionell obrigkeitshörig und zudem von der NS-Propaganda massiv beeinflusst war.

8 Deutschland 1945–1955

Alliierte Kriegszielkonferenzen und alliierte Besatzungspolitik

QUICK-FINDER

8.1 Alliierte Kriegszielkonferenzen
- Die Anti-Hitler-Koalition → **S. 143**
- Die alliierten Kriegszielkonferenzen → **S. 143**

8.2 Folgen des Zweiten Weltkriegs → **S. 145**

8.3 Alliierte Besatzungspolitik
- Das besiegte Deutschland → **S. 146**
- Besetzt, nicht befreit → **S. 146**
- Die Konferenz von Potsdam (17.7.–2.8.1945) → **S. 147**
- Der Nürnberger Kriegsverbrecherprozess → **S. 148**
- Die Entnazifizierung → **S. 149**
- Der politische Neuaufbau der SBZ → **S. 149**
- Der politische Neuaufbau in den Westzonen → **S. 151**

8.1 Alliierte Kriegszielkonferenzen

Die Anti-Hitler-Koalition
Nach dem Eintritt der USA in den Krieg schlossen sich die angelsächsischen Mächte und die UdSSR trotz ihrer erheblichen ideologischen Gegensätze zu einem Zweckbündnis zusammen. Das Ziel dieser „unheiligen Allianz" (vgl. 1815) bestand in der Besiegung Nazi-Deutschlands und der Ausrottung des Nationalsozialismus bzw. des Faschismus. Die Koalition entwickelte während des Kriegs zahlreiche Pläne zur Erreichung ihrer drei wesentlichen Ziele: Niederwerfung und Behandlung Deutschlands (und seiner Verbündeten), territoriale Neuordnung Europas, dauerhafte Friedensordnung.

Die alliierten Kriegszielkonferenzen
Casablanca (Januar 1943): Der amerikanische Präsident Franklin D. Roosevelt und der britische Premier Winston Churchill einigten sich auf die bedingungslose Kapitulation Deutschlands („unconditional surrender") und die Errichtung einer zweiten Front in Süditalien.

Moskau (Oktober 1943): Die alliierten Außenminister beschlossen als Grundlagen ihrer künftigen Deutschlandpolitik: Besetzung Deutschlands, dessen Entnazifizierung, Entmilitarisierung und Demokratisierung, Übernahme der Regierungsgewalt und deutsche Reparationszahlungen. Einzelheiten der Besatzungspolitik sollte die Europäische Beratende Kommission (London, European Advisory Commission = EAC) erarbeiten.

Teheran (November/Dezember 1943): Stalin setzte sich gegen Roosevelt und Churchill mit zwei Grundsatzentscheidungen durch: mit der Westverschiebung Polens und der zweiten Front in Frankreich, die der UdSSR große territoriale Gewinne in Ost- und Mitteleuropa ermöglichte. Die „Großen Drei" konkretisierten ihre unterschiedlichen Deutschlandpläne. Roosevelt wollte die Zerschlagung Deutschlands in fünf souveräne Staaten und zwei internationale Wirtschaftsgebiete (Hamburg, Nord-Ostsee-Kanal und Ruhrgebiet plus Saarland); Churchill plädierte für die Zerschlagung Preußens und Schaffung eines starken Südstaats (als Bollwerk gegen den Kommunismus); Stalin forderte eine weitgehende Zerstückelung Deutschlands. Sie hätte der UdSSR die Chance eröffnet, diese Gebiete bei günstiger Gelegenheit zu annektieren.

> **Annexion, Annektieren**
>
> (lat. annectere = anbinden)
> Annexion: Erwerb eines fremden Staates oder Gebietes durch Gewalt und dessen Eingliederung in den eigenen Staat.

Im **Londoner Protokoll** (Dezember 1944) traf die EAC zwei Maßnahmen, die zu entscheidenden Voraussetzungen für die spätere Teilung Deutschlands wurden: die Einteilung Deutschlands in drei Besatzungszonen und die gemeinsame Verwaltung Berlins.

Jalta (4.–12.2.1945) brachte wichtige Beschlüsse: Die Erklärung über das befreite Europa (Verantwortung der Siegermächte für eine freiheitliche Ordnung in Europa), die Gründung der Vereinten Nationen (UNO), Bildung einer Provisorischen Polnischen Regierung, Einteilung Deutschlands in vier Besatzungszonen, Besatzungspolitik und deutsche Reparationszahlungen. Bei den entscheidenden Fragen (staatliche Neuordnung Deutschlands, Oder-Neiße-Grenze) gab es keine Einigung.

8.2 Folgen des Zweiten Weltkriegs

Der Zweite Weltkrieg hatte grundlegende und langfristig wirkende europäische und globale Folgen:
- Europa verlor endgültig seine wirtschaftliche und weltpolitische Führungsrolle.
- Das bipolare Gleichgewicht der Führungsmächte USA und UdSSR bestimmte von nun an die Weltpolitik.
- Deren Rivalität löste den **Ost-West-Konflikt** und den **Kalten Krieg** aus, der die internationale Politik bis zum Zerfall der UdSSR maßgeblich bestimmte.

Ost-West-Konflikt	Kalter Krieg
Die starken politischen, ideologischen, militärischen und wirtschaftlichen Gegensätze zwischen den kommunistisch regierten Ländern des Ostblocks und den Demokratien Westeuropas und Nordamerikas.	Verschärfung des Ost-West-Konflikts zu bestimmten Zeiten. Er wird auf allen Ebenen geführt mit Ausnahme der direkten militärischen Auseinandersetzung.

- Die Entkolonialisierung verschärfte den Ost-West-Konflikt.
- Die 1945 geschaffene UNO (United Nations Organization) spiegelte die Teilung der Welt wider: Den westlichen Staaten standen die des Ostblocks und andere sozialistische Staaten gegenüber; neutrale Staaten formierten sich als dritte Kraft (die „Blockfreien").
- Die Rivalität der beiden Supermächte erzwang in den Fünfziger- und Sechzigerjahren aufgrund des atomaren „Gleichgewichts des Schreckens"

die Kooperation (Zusammenarbeit) und die Entspannung zwischen beiden.

8.3 Alliierte Besatzungspolitik

Das besiegte Deutschland

Bei Kriegsende glich Deutschland in weiten Teilen einem Trümmerfeld. Deutschland gab es nur noch als Begriff, nicht mehr als Staat (durch die Teilung in Besatzungszonen), nicht als politisches Gebilde (Übernahme der Regierungsgewalt durch die Alliierten) und nicht als geografische Einheit (territoriale Verluste, Trennung in Ost- und Westdeutschland). Für viele Deutsche bedeutete die **„Stunde Null"** den täglichen Kampf ums Überleben; viele sahen in der „Stunde Null" jedoch die Befreiung von der NS-Diktatur und die Chance eines Neuanfangs.

Besetzt, nicht befreit

Da nach Ansicht der Alliierten fast alle Deutschen Nationalsozialisten gewesen waren bzw. die Nationalsozialisten unterstützt hatten, sollte Deutschland nicht befreit, sondern besetzt und als Machtfaktor ausgeschaltet werden. Aus diesem Grund verkündeten die Alliierten die Übernahme der obersten Regierungsgewalt in Deutschland in der **„Berliner Erklärung"** vom 5.6.1945. In den Westzonen galt für die Besatzungssoldaten ein striktes „Fraternisierungs-", d.h. Verbrüderungsverbot. Die Behandlung der Deutschen durch die Besatzungsmächte war sehr unterschiedlich. In der amerikanischen und britischen Zone war sie streng, aber human. In der Sowjetischen Besatzungszone (SBZ) dagegen litt die Bevölkerung sehr unter der Willkür der Roten Armee.

Alliierte Besatzungspolitik

Die Konferenz von Potsdam (17. 7. – 2. 8. 1945)

Da aufgrund der wachsenden ideologischen und machtpolitischen Spannungen zwischen den Westmächten und der UdSSR eine Einigung nicht möglich war, verständigten sich Truman (USA), Attlee (Großbritannien) und Stalin lediglich auf die 5 D's, die jedoch alle unterschiedlich ausgelegt werden konnten und daher oft zu unbefriedigenden Lösungen führten: **Demilitarisierung, Denazifizierung, Demokratisierung, Dezentralisierung der Verwaltung und Demontagen**.

Ferner beschlossen sie:
- Die wirtschaftliche und politische Einheit Deutschlands und dessen gemeinsame Verwaltung durch den **Alliierten Kontrollrat** (Militärgouverneure der 4 Zonen), der nur einstimmig entscheiden kann.
- Die Gebiete östlich von Oder und Neiße kommen unter polnische bzw. sowjetische Verwaltung (bis zu einer endgültigen Regelung durch einen Friedensvertrag = provisorischer Charakter).
- Die deutsche Bevölkerung in den ehemaligen deutschen Ostgebieten soll auf humane Weise umgesiedelt werden.
- Die von den Alliierten kontrollierte deutsche Wirtschaft soll auf die Produktion landwirtschaftlicher Erzeugnisse und Verbrauchsgüter beschränkt sein.

Andere wichtige Entscheidungen blieben offen oder wurden nur vage formuliert. Vier derartige Bestimmungen waren maßgeblich verantwortlich für die **unterschiedliche Entwicklung der Westzonen und der SBZ**:

1. Die wirtschaftliche Einheit Deutschlands wurde aufgegeben, da die Westmächte keine sowjetischen Reparationen aus dem Ruhrgebiet akzeptierten.
2. Die gemeinsame Verwaltung Deutschlands durch den Alliierten Kontrollrat scheiterte an der vereinbarten Einstimmigkeit der Beschlüsse.
3. Konträre Vorstellungen von „Demokratie" führten zur westlich-demokratischen Bundesrepublik und zur volksdemokratischen Deutschen Demokratischen Republik.

> **Volksdemokratie**
>
> Durch pseudodemokratische Einrichtungen (Unterordnung der bürgerlichen Parteien unter die sozialistische; gelenkte Wahlen etc.) verbrämte Diktatur der sozialistischen bzw. kommunistischen Partei.

4. Territoriale provisorische Bestimmungen (z. B. Oder-Neiße-Grenze), die durch einen Friedensvertrag endgültig geregelt werden sollten, wurden von der UdSSR bald als definitiv angesehen. Die Oder-Neiße-Grenze blieb deshalb ein europäisches Kernproblem bis 1990.

Der Nürnberger Kriegsverbrecherprozess

Zwischen Oktober 1945 und November 1946 machte ein alliiertes Gericht den wichtigsten NS-Organisationen und 24 Hauptangeklagten den Prozess. Er war problematisch, da es für die Hauptanklagepunkte (Verbrechen gegen die Menschlichkeit, Verschwörung gegen den Frieden) keine Rechtsgrundlage gab. Außerdem war ein sowjetischer Richter beteiligt, der den stalinistischen Unrechtsstaat im Namen der Gerechtigkeit vertrat. 12 Hauptangeklagte wurden zum Tode verurteilt, 10 hingerichtet (Göring und Ley begingen Selbstmord). Der Prozessverlauf und das umfangreiche Beweismaterial offenbarten das Ausmaß der Verbrechen, besonders den Völkermord an den Juden.

Die Entnazifizierung

Sie war von Anfang an problematisch. Zum einen war es schwierig, die persönliche Schuld einwandfrei zu ermitteln, zum anderen handhabten die Besatzungsmächte die Entnazifizierung sehr unterschiedlich: Briten und Franzosen übten Zurückhaltung und ließen viele kleine „Parteigenossen" ungeschoren. Die Amerikaner betrieben sie sehr streng und mit ungeheurem bürokratischem Aufwand. Die UdSSR ging rigoros gegen ehemalige Nationalsozialisten vor, missbrauchte die Entnazifizierung jedoch, um auch Personen auszuschalten, die den Sozialismus ablehnten.

Ende der 40er-Jahre übertrugen die Besatzungsmächte die Entnazifizierung deutschen Institutionen. Bei den „kleinen Leuten" stieß sie auf Ablehnung („Die Kleinen hängt man, die Großen lässt man laufen") und verringerte die Bereitschaft, sich kritisch mit der Vergangenheit auseinanderzusetzen.

Der politische Neuaufbau der SBZ

Unmittelbar nach Kriegsende begann die von der SMAD (Sowjetische Militäradministration in Deutschland) bestimmte Entwicklung in der SBZ:

- **Zulassung „antifaschistisch-demokratischer Parteien"** (Juni/Juli 1945): KPD, SPD, CDU (Christlich-Demokratische Union), LDPD (Liberal-Demokratische Partei Deutschlands). April 1946: Zwangsvereinigung von KPD und SPD zur „Sozialistischen Einheitspartei Deutschlands" (SED).

- **Gründung von Massenorganisationen** (z. B. „Freier Deutscher Gewerkschaftsbund", FDGB, Juni 1945), die alle Schichten der Bevölkerung erfassen und im Sinne der SED lenken sollten.
- **Bodenreform** (Juni 1945): Mehr als 7000 Großgrundbesitzer wurden entschädigungslos enteignet. 2/3 ihres Landes erhielten landlose Bauern, Knechte und Vertriebene. Der Rest wurde zu „Volkseigenen Gütern" (VEG) gemacht. Die geringe Größe eines Bauernhofs (5 – 8 ha) ermöglichte keine gesicherte Existenz, zwang viele Bauern aufzugeben und ihren Hof in ein Volkseigenes Gut zu integrieren.
- Aufbau von Landesverwaltungen und **Zentralverwaltungen** für die sowjetische Besatzungszone (Juli 1945).
- **Enteignung** (seit September 1945) des Kohlebergbaus, des privaten Industriebesitzes und der Banken und deren Umwandlung in staatliche Volkseigene Betriebe (VEB) und Handelsorganisationen (HO).
- Schaffung der **Deutschen Volkspolizei** (Ende 1945).
- **„Säuberung der Gesellschaft"**. Sie war ein Mittel des „Klassenkampfes" und der verdeckten Einführung des Sozialismus. Ca. 80 % aller in der Justiz und dem Schulwesen Tätigen wurden durch „Linientreue" ersetzt.
- Die **Gleichschaltung des kulturellen Lebens** betraf Theater, Rundfunk, Presse, Literatur, Kunst und Musik.
- Der **Marxismus-Leninismus** wurde die allein gültige Wissenschaft.

Der politische Neuaufbau in den Westzonen

In den Jahren 1945/46 gab es keine einheitliche Deutschlandpolitik der Westmächte. Deshalb verlief der politische Neuaufbau der Westzonen sehr unterschiedlich:

Amerikanische Zone: Rascher Aufbau 1945 durch Einsetzung von Ministerpräsidenten, Zulassung von Parteien, Konstituierung der Länder Bayern, Württemberg-Baden und Hessen (19.9.), Zusammenfassung der Ministerpräsidenten zum „Länderrat des amerikanischen Besatzungsgebiets" (17.10.), erste freie Wahlen (Dez. 1945).

Britische Zone: Die Auflösung Preußens und die Bildung neuer Länder waren kompliziert. Deshalb verlief der Aufbau langsamer: Schaffung der Länder Nordrhein-Westfalen, Schleswig-Holstein, Hamburg, Niedersachsen (1946/47) und des „Zonenbeirats" (1946).

Französische Zone: Schleppender Neuaufbau, zunächst ohne Beteiligung deutscher Stellen; zwischen August 1946 und November 1947 Gründung der Länder Rheinland-Pfalz, Baden, Württemberg-Baden.

Auch der **Aufbau eines Parteiensystems** verlief in den Westzonen deutlich langsamer als in der SBZ. Die Parteienlandschaft war zunächst sehr groß und erinnerte an die Weimarer Republik. Zu den traditionellen Parteien kamen regionale, kriegsbedingte oder extrem ideologisch geprägte neue Parteien. In den Fünfzigerjahren kam es zu Sammlungsbewegungen im Lager der bürgerlichen Parteien und zum Aufgehen der kleinen in den großen Parteien. Dadurch entwickelte sich die westdeutsche Parteienlandschaft vom extremen zum gemäßigten Pluralismus.

8 Deutschland 1945–1955

Von der Gründung bis zur Souveränität der BRD und der DDR

QUICK-FINDER

8.4 Die Gründung der BRD und der DDR

- Ost-West-Konflikt und Kalter Krieg → **S. 153**
  - Lern-Video
- Von der Bizone zur Bundesrepublik → **S. 154**
- Das Grundgesetz als „Antiverfassung" → **S. 158**
- Die Entstehung der DDR → **S. 159**
- Die politischen Machtverhältnisse in der DDR → **S. 160**

8.5 Die Souveränität der BRD und der DDR

- Adenauers Deutschlandpolitik → **S. 161**
- Die BRD: Souveränität durch Westintegration → **S. 161**
- Die europäische Integration der BRD → **S. 163**
- Die DDR: Souveränität durch Ostintegration → **S. 164**
- Der Aufstand vom 17. Juni 1953 → **S. 165**
  - Lern-Video
- Besonders wichtig: Das Selbstverständnis der BRD und der DDR → **S. 166**
- Deutschlandpolitik ab 1955 → **S. 167**

8.4 Die Gründung der BRD und der DDR

Ost-West-Konflikt und Kalter Krieg

Lern-Video — www.sofatutor.com/klett/66

Unmittelbar nach Kriegsende wurden die Spannungen zwischen der UdSSR und den Westmächten rasch größer. Im Jahre 1947/1948 verdichteten sie sich zum Kalten Krieg. Dieser hatte folgende amerikanische Grundlagen:
- Die **Containment-Doktrin** hatte die Eindämmung des Kommunismus zum Ziel.
- Die **Truman-Doktrin** (vom 12.3.1947): Präsident Truman versprach allen vom Kommunismus bedrohten Völkern finanzielle und waffentechnische Hilfe.
- Der **Marshallplan** („European Recovery Program" = Europäisches Wiederaufbauprogramm, benannt nach dem US-Außenminister George Marshall): Er bot am 5.6.1947 allen vom Krieg betroffenen europäischen Staaten die umfangreiche wirtschaftliche Unterstützung der USA an. Auf diese Weise wollten die USA stabile wirtschaftliche und freiheitliche politische Verhältnisse erreichen und gleichzeitig ihre Führungsposition stärken. Die UdSSR lehnte dieses Hilfsangebot mit der Begründung ab, es würde zur „Versklavung der Völker" führen.

Die Grundlage des Kalten Kriegs auf sowjetischer Seite war die Zwei-Lager-Theorie von Andrej Shdanow (Sept. 1947). Sie besagte, dass die Welt sich gespalten habe in ein revanchistisch-imperialistisches Kriegstreiberlager um die USA und in ein friedliebendes, sozialistisches Lager um die UdSSR. Dieser Gegensatz sei unversöhnlich.

Von der Bizone zur Bundesrepublik

Die Entstehung der Bundesrepublik Deutschland vollzog sich vor dem Hintergrund des Ost-West-Konflikts und des Kalten Kriegs in folgenden Schritten:

Byrnes-Rede: Am 6.9.1946 verkündete US-Außenminister James Byrnes in Stuttgart die Neuorientierung der amerikanischen Außen- und Deutschlandpolitik. Er betonte den provisorischen Charakter der Oder-Neiße-Grenze, kritisierte die sowjetische Besatzungspolitik und forderte die „größtmögliche" wirtschaftliche Einheit Deutschlands. Ferner erklärte er unter deutlichem Bezug auf die UdSSR, Deutschland solle kein Vasall (Untertan) einer Macht werden oder unter einer in- oder ausländischen Diktatur leben.

Die Bizone: Die erste Auswirkung der neuen amerikanischen Deutschlandpolitik war die wirtschaftliche Verbindung der amerikanischen und britischen Zone zur Bizone („Vereinigtes Wirtschaftsgebiet", 1.1.1947) und die Schaffung erster bizonaler Wirtschaftsbehörden.

Die Münchner Ministerkonferenz (5.–7.6.1947): Der bayerische Ministerpräsident Hans Ehard lud seine Kollegen aus den Westzonen und der SBZ nach München ein. Die Konferenz sollte zur Verbesserung der wirtschaftlichen und politischen Lage in Deutschland beitragen. Die Teilnehmer waren an strikte Vorgaben ihrer Besatzungsmächte gebunden. Deshalb scheiterte die Konferenz noch am ersten Tage.

Die Londoner Sechsmächtekonferenz (23.2.–2.6.1948): Die Westmächte und die Benelux-Staaten einigten sich über ihre künftige Deutschlandpolitik: Aus den Westzonen sollte ein föderalistischer Weststaat geschaffen und in den Westen integriert werden. Die Teilnehmer gründeten die Organization for European Economic Cooperation (OEEC), die die Hilfsmaßnahmen des Marshallplans koordinierte, und beschlossen die Einbeziehung der Westzonen in die Marshallplanhilfe.

> **Föderalismus, föderalistisch**
>
> Staatliches Organisationsprinzip, bei dem die einzelnen Glieder eine gewisse Eigenständigkeit besitzen; die entscheidenden Kompetenzen liegen jedoch bei Institutionen des Gesamtstaates.

Die Währungsreform: Als wirtschaftliche Grundlage des zu schaffenden Weststaats führten die Westmächte vom **19. bis 21. Juni 1948** eine Währungsreform durch. Jeder Westdeutsche (und Westberliner) erhielt insgesamt 60 Deutsche Mark (DM). Löhne, Gehälter, Pensionen, Renten, Mieten etc. wurden im Verhältnis 10:1 (Reichsmark zu Deutsche Mark) umgestellt. Die Währungsreform traf die Besitzer von Spareinlagen hart. Die Besitzer von Sachwerten und Schuldner profitierten von ihr. Ludwig Erhard, der Wirtschaftsdirektor des Vereinigten Wirtschaftsgebiets, verknüpfte die Währungsreform mit Maßnahmen der sozialen Marktwirtschaft. Nicht mehr staatlicher Dirigismus, sondern Wettbewerb und Verbrauch bestimmten nun die westdeutsche Wirtschaft. Die Währungsreform hatte großen Erfolg. Über Nacht füllten sich die Schaufenster der Geschäfte und die Wirtschaft der Westzonen sprang an.

Die Berlinblockade: Als Reaktion auf die Währungsreform sperrte die UdSSR am **24. Juni 1948** die Zufahrtswege nach Westberlin. Die Westmächte richteten eine Luftbrücke ein und versorgten ca. 2,2 Mio. Westberliner mehr als 10 Monate lang mit allem Lebensnotwendigen aus der Luft. Die Berlinblockade war der erste Höhepunkt des Kalten Kriegs. Zum ersten Mal wurde die geteilte Stadt zum Testfall der Ost-West-Beziehungen. Das brutale Vorgehen der UdSSR erhöhte die antikommunistische Solidarität der westlichen Staaten und machte Westmächte, Westdeutsche und Westberliner zu Verbündeten. Im Mai 1949 beendete ein amerikanisch-sowjetisches Abkommen die Berlinblockade.

Die Trizone: 1947/48 bauten die USA und Großbritannien die Bizone trotz französischer Proteste systematisch aus. 1949 entstand auf amerikanischen Druck durch den Anschluss des französisch besetzten Gebiets (April 1948) die Trizone.

Die Frankfurter Dokumente: Im Juli 1948 übergaben die westlichen Militärgouverneure den Länderchefs der Trizone die so genannten Frankfurter Dokumente mit folgenden „Empfehlungen": Erarbeitung einer Verfassung durch eine Verfassungsgebende Versammlung; Überprüfung der 1945 bis 1947 entstandenen Länder; Mitgestaltung der Beziehungen zwischen den westlichen Besatzungsmächten und der künftigen westdeutschen Regierung. Die Schaffung einer Verfassung löste bei vielen Westdeutschen heftige Proteste aus, da man befürchtete, dass ihre Umsetzung die Spaltung Deutschlands zementieren würde. Auf amerikanischen Druck gaben die Ministerpräsidenten nach, erreichten aber, dass die

Verfassunggebende Versammlung „Parlamentarischer Rat" und die Verfassung „Grundgesetz" heißen sollten. Dadurch betonten sie den provisorischen (vorläufigen) Charakter des Weststaats.

Der Parlamentarische Rat bestand aus 65 von den Landtagen gewählten Mitgliedern (SPD: 27, CDU: 19, CSU: 8; FDP: 5, DP (Deutsche Partei), Z (Zentrum) und KPD je 2) und tagte von Anfang September 1948 bis Ende Mai 1949 in Bonn. Er hatte zwei wesentliche Ziele: Erarbeitung einer Verfassung für den provisorischen westdeutschen Teilstaat und Sicherung der demokratischen Staatsform durch stabilisierende Verfassungselemente. Umstritten waren die Kompetenzverteilung zwischen Bund und Ländern und die Ausgestaltung des Föderalismus.

Am **23. Mai** unterzeichneten die Ministerpräsidenten das **Grundgesetz** („**Geburtstag der Bundesrepublik**"), das am folgenden Tag in Kraft trat.

Die ersten Wahlen: Am 14.8.1949 wurde der erste Bundestag gewählt. CDU und CSU stellten zusammen die größte Fraktion. Erster Bundespräsident wurde Theodor Heuss (FDP), erster Kanzler Konrad Adenauer (CDU) mit einer Stimme Mehrheit. Er bildete eine Koalitionsregierung aus CDU/CSU, FDP und DP.

> **Konrad Adenauer (5.1.1876 – 19.4.1967)**
>
> Der Jurist wurde früh Politiker: 1917 – 1933 Oberbürgermeister von Köln; 1920 – 1933 Präsident des Preußischen Staatsrats; 1933 Amtsenthebung durch die Nationalsozialisten; 1944 Inhaftierung; 1945 Einsetzung als Oberbürgermeister von Köln durch die Amerikaner; 1948/49 Vorsitzender des Parlamentarischen Rats; 1949 – 1963 Bundeskanzler.

Die bedingte Souveränität: Auch nach ihrer Konstituierung (Gründung) war die Bundesrepublik Deutschland nicht souverän. Die westlichen Besatzungsmächte behielten die oberste Regierungsgewalt und hatten zahlreiche Sonderbefugnisse (z.B. militärische Sicherheitsfragen, auswärtige Angelegenheiten, Kontrolle der Gesetzgebung, der Verwaltung, der Wirtschaft und der Außenbeziehungen).

Das Grundgesetz als „Antiverfassung"

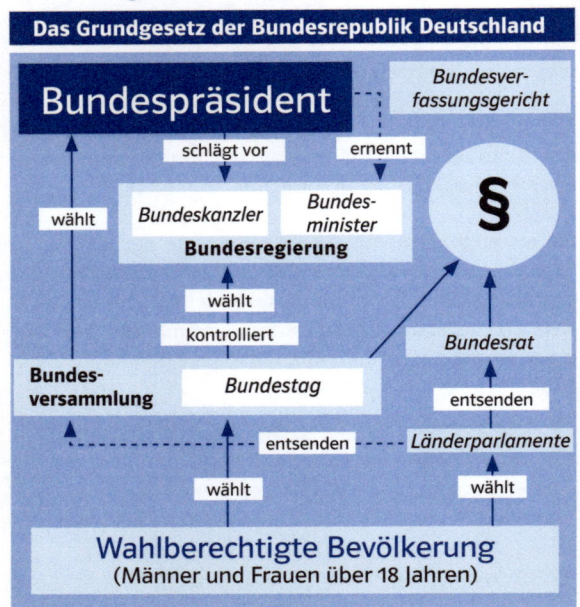

Das Grundgesetz der Bundesrepublik Deutschland

- **Bundespräsident** — ernennt → **Bundesverfassungsgericht**
- Bundespräsident schlägt vor → **Bundeskanzler**, **Bundesminister** (**Bundesregierung**)
- **Bundesversammlung** wählt Bundespräsident
- Bundestag wählt / kontrolliert Bundesregierung
- **Länderparlamente** entsenden → **Bundesrat**
- Länderparlamente entsenden → Bundesversammlung
- **Wahlberechtigte Bevölkerung** (Männer und Frauen über 18 Jahren) wählt Bundestag und Länderparlamente

Das Grundgesetz wurde als bewusste Reaktion auf die Schwächen und Defizite der Weimarer Reichsverfassung sowie auf die Verhältnisse im Dritten Reich geschaffen („Antiverfassung"). Deshalb baute der Parlamentarische Rat folgende Sicherungsmechanismen ein:
- Schutz des Individuums vor staatlicher Willkür durch die Vorstaatlichkeit und Unaufhebbarkeit der Grund- und Menschenrechte.
- Beschränkung der Macht des Bundespräsidenten auf repräsentative Funktionen.
- Stärkung des Bundeskanzlers durch das konstruktive Misstrauensvotum und die ausschließliche Abhängigkeit vom Parlament („Kanzlerdemokratie").

Konstruktives Misstrauensvotum
Parteien, die im Bundestag den Kanzler durch einen Misstrauensantrag stürzen wollen, müssen sich vorher auf einen Nachfolger einigen.

- Art. 1 (Menschenwürde) und 20 (Grundlagen der staatlichen Ordnung) können nicht verändert werden.
- Schutz des Grundgesetzes und des Staates, z. B. durch Bundesverfassungsgericht und Verfassungsschutz.

Die Entstehung der DDR
Die von der SED gesteuerte „Volkskongressbewegung" trieb die Entstehung der volksdemokratischen DDR **pseudodemokratisch** voran.

Der Zweite Volkskongress wählte im März 1948 einen „Deutschen Volksrat". Dieser vollzog 1948/49 zusammen mit der SED (und der SMAD) die Umwandlung des gesellschaftlichen, politischen und wirtschaftlichen Systems durch folgende Maßnahmen: Zulassung weiterer Parteien und Massenorganisationen und deren Integration in den „antifaschistisch-demokratischen Block"; Ausbau der Macht der SED, staatlich gelenkte Planwirtschaft und Verstaatlichung von Handel und Gewerbe.

Der Dritte Volkskongress verabschiedete im März 1949 die **Verfassung der DDR**. Sie hatte demokratische Charakteristika (Volkssouveränität, Volkskammer als „höchstes Organ der Republik", Grund- und Menschenrechte), enthielt jedoch schon typische Eigenschaften einer Volksdemokratie (z. B. antifaschistisch-demokratischer Block zur Ausschaltung der Opposition). In der Folgezeit wurde die Kluft zwischen Theorie und Praxis immer größer: Laut Verfassung lag die Macht bei den demokratischen Institutionen, in der politischen Praxis entschied jedoch ausschließlich die SED.

Die politischen Machtverhältnisse in der DDR

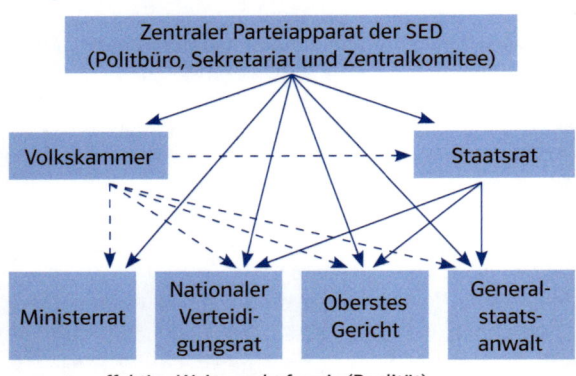

```
        Zentraler Parteiapparat der SED
     (Politbüro, Sekretariat und Zentralkomitee)
        ↓              ↓              ↓
   Volkskammer  ←-------→  Staatsrat
        ↓                        ↓
   Ministerrat | Nationaler Verteidigungsrat | Oberstes Gericht | Generalstaatsanwalt
```

⟶ effektive Weisungsbefugnis (Realität)
--→ (theoretischer) Einfluss durch Wahl

Am **7. Oktober 1949** konstituierte sich der Zweite Deutsche Volksrat als **Volkskammer** (Parlament der DDR) und beauftragte Otto Grotewohl (SED) mit der Bildung einer Regierung (**Geburtsstunde der DDR**). Präsident wurde wenige Tage später Wilhelm Pieck (SED).

8.5 Die Souveränität der BRD und der DDR

Adenauers Deutschlandpolitik
Sie hatte drei wesentliche Ziele: **Freiheit, Frieden und Wiedervereinigung** mit Hilfe des Westens aus einer „Position der Stärke" gegenüber der UdSSR. Diese Ziele wollte er folgendermaßen erreichen: Integration der BRD in eine einheitliche westliche Welt unter Führung der USA, Aussöhnung mit Frankreich und Schaffung eines dichten Netzes von supranationalen westlichen Institutionen.

Die BRD: Souveränität durch Westintegration
Im **Petersberger Abkommen** (22.11.1949) verpflichtete die BRD sich zur Eingliederung in die europäische Gemeinschaft und zur Akzeptanz der internationalen Kontrolle des Ruhrgebiets. Dafür sagten die Westmächte die Beendigung der Demontagen zu und gaben ihr das Recht, konsularische Beziehungen aufzunehmen und Mitglied internationaler Organisationen zu werden.

Der „Vertrag zwischen der Bundesrepublik Deutschland und den Drei Mächten" (**Deutschlandvertrag**, auch: General- oder Bonner Vertrag) vom 26.5.1952 gab der BRD die Souveränität mit Ausnahme der alliierten „Vorbehalte": Stationierung der Truppen, Eingreifen bei einem

Notstand und Regelung der Wiedervereinigung. Die Vertragspartner verpflichteten sich, mit friedlichen Mitteln ein wiedervereinigtes freiheitlich-demokratisches Deutschland anzustreben. Die Westmächte verknüpften den Deutschlandvertrag mit dem EVG-Vertrag.

Am 27.5.1952 schlossen in Paris Frankreich, Italien, die Beneluxstaaten und die BRD den **"Vertrag über die Europäische Verteidigungsgemeinschaft"** (EVG). Er war in der BRD heftig umstritten. Viele lehnten eine Wiederaufrüstung ab; andere befürchteten, er zementiere die Teilung Deutschlands. Der Vertrag scheiterte 1954 an der französischen Nationalversammlung.

Die Stalinnoten: Im März 1952 richtete Stalin eine Note (diplomatisches Schreiben) an die Westmächte und bot an: Beendigung der deutschen Spaltung und Schaffung eines einheitlichen Staates, Abzug der Streitkräfte der Besatzungsmächte, nationale Streitkräfte für das vereinigte Deutschland und dessen Aufnahme in die UNO. Er forderte: Militärische Neutralität des vereinigten Deutschlands und Anerkennung der territorialen Bestimmungen des Potsdamer Abkommens.
Die Westmächte lehnten Stalins Angebot ab, da sie ihm misstrauten und sein Vorschlag im Gegensatz zu ihren deutschlandpolitischen Vorstellungen stand. Sie begründeten ihre Ablehnung mit dem Fehlen von freien Wahlen. Auch zwei weitere Noten von Stalin wurden abgelehnt.
Die Stalinnoten waren in der BRD heftig umstritten. Adenauer tat sie als „Bauernfängerei" ab. Die SPD warf ihm deshalb vor, eine Chance zu verspielen. Ob Stalins Angebot wirklich ernst gemeint war, lässt sich nicht exakt beurteilen. Unter Berücksichtigung der historischen

Die Souveränität der BRD und der DDR

Situation ist es wahrscheinlich, dass er die militärische Integration der Bundesrepublik nur verzögern wollte.

Die **Berliner Außenministerkonferenz**: Der Tod Stalins (5.3.1953) schien günstigere europäische Verhältnisse zur Folge zu haben. Die Westmächte schlugen eine Deutschlandkonferenz vor. Sie scheiterte jedoch im Februar 1954 an der gegensätzlichen Deutschlandpolitik.

Die **Pariser Verträge** (23.10.1954) gliederten die BRD durch folgende Verträge endgültig in den Westen ein:
1. Der Deutschlandvertrag zwischen den Westmächte und der BRD. Er bedeutete das Ende der Besatzungsherrschaft und gab der BRD die Souveränität (ausschließlich der alliierten Vorbehaltsrechte).
2. Beitritt der BRD zur Westeuropäischen Union (WEU).
3. Beitritt zur NATO.
4. Im Saarstatut vereinbarten Frankreich und die BRD den europäischen Status des Saarlands. Es sollte durch einen WEU-Kommissar bis zu einem Friedensvertrag nach außen vertreten werden.

Die Verträge traten am **5.5.1955** in Kraft. Sie bedeuteten die Einigung Westeuropas und die **Souveränität der nun gleichberechtigten Bundesrepublik**. Sie besiegelten aber auch die Spaltung Europas, Deutschlands und Berlins für lange Zeit.

Die europäische Integration der BRD

1950: Beitritt zum Europarat. Sein Ziel ist die Stärkung der kulturellen Verbundenheit sowie der wirtschaftlichen und sozialen Entwicklung.

1951: Frankreich, Italien, die BRD und die Beneluxstaaten unterzeichnen den „Vertrag über die Europäi-

sche Gemeinschaft für Kohle und Stahl" (EGKS, Montanunion).
1957: Durch die Römischen Verträge gründen die Mitglieder der Montan-Union die Europäische Atomgemeinschaft (EURATOM) und die Europäische Wirtschaftsgemeinschaft (EWG).
1967: Die Europäische Gemeinschaft (EG) entsteht aus dem Zusammenschluss von EGKS, EURATOM und EWG.

Die DDR: Souveränität durch Ostintegration

Ihre Souveränität erreichte die DDR durch die Angleichung ihres volksdemokratischen Systems an die anderen Ostblockstaaten durch folgende Maßnahmen:

- 1950: Mitgliedschaft im „Rat für gegenseitige Wirtschaftshilfe" (RGW, engl. COMECON = Communist Economies).
- 1951: Zentrale Lenkung und Planung der Wirtschaft durch Fünfjahrespläne, Förderung der Schwerindustrie und verstärkte Kollektivierung (= Zusammenschluss landwirtschaftlicher Betriebe zu genossenschaftlichen oder staatlichen Betrieben).
- 1952: Zentralisierung der politischen Macht durch Auflösung der 5 Länder. An deren Stelle treten 14 von SED-Sekretären geleitete Bezirke.
- Das stalinistische Herrschaftssystem der UdSSR wird übernommen. Diesbezügliche Maßnahmen sind der Ausbau des Machtapparats der SED, die systematische Besetzung des Staatsapparats mit SED-Funktionären und die Gründung der SED-gelenkten „Nationalen Front" (Vereinigung der Parteien und Massenorganisationen); ferner der „ideologische Klassenkampf" (gegen selbstständige Bauern und Handwerker), die sozialistische Neuordnung des Gerichtswesens, der Aufbau des Ministeriums für

Die Souveränität der BRD und der DDR

Staatssicherheit (MfS, im Volksmund: Stasi), Wahlen per Einheitsliste, strikte Lenkung von Kunst, Kultur, Erziehung und Wissenschaften sowie ein ausgeprägter Personenkult um Stalin.

> **Einheitsliste**
>
> Pseudodemokratischer Wahlzettel: Die Kandidaten werden von der führenden Partei bestimmt und die Sitzverteilung im Parlament steht bereits vor der Wahl fest.

- **23.5.1954**: Die **DDR** erhält durch die UdSSR die **Souveränität** (mit Ausnahme der alliierten Vorbehaltsrechte).

Der Aufstand vom 17. Juni 1953

Lern-Video
www.sofatutor.com/klett/67

Nach dem Tode Stalins musste die DDR-Führung auf sowjetischen Druck Fehler eingestehen und einen „Neuen Kurs" einschlagen. Da sie gleichzeitig die Arbeitsnormen bei gleich bleibenden Löhnen um 10 Prozent erhöhte, entstanden am 16. Juni in Ostberlin **Streiks** und **Arbeiterdemonstrationen**. Sie dehnten sich rasch über 250 Orte der DDR aus. Als am folgenden Tag politische Forderungen laut wurden (freie Wahlen, Rücktritt der Regierung, Wiedervereinigung), schlug die Rote Armee den Arbeiteraufstand mit brutaler Waffengewalt nieder. Die DDR-Führung spielte den Aufstand propagandistisch als Werk von Randalierern und westdeutschen Provokateuren herunter. Der 17. Juni 1953 bewirkte eine starke **Fluchtbewegung aus der DDR** und dokumentierte ihre Instabilität.

Besonders wichtig:
Das Selbstverständnis der BRD und der DDR

Das Selbstverständnis der BRD
- **Rechtsnachfolge**: 1945 sei das NS-Regime, nicht aber das Deutsche Reich als Staat untergegangen. Der deutsche Staat bestehe in der BRD fort, da es nur hier freie Wahlen gebe.
- **Wiedervereinigung** (in den Grenzen von 1937) als oberstes staatliches Ziel.
- **Alleinvertretungsanspruch**: Die Bundesregierung als einzige frei gewählte deutsche Regierung sei berechtigt, für alle Deutschen zu sprechen.
- **Nichtanerkennung der DDR**: Da der DDR die freiheitliche Legitimation fehle, wurde sie nicht anerkannt.
- **Die Hallstein-Doktrin** (benannt nach dem Staatssekretär Walter Hallstein): Die Beziehungen zu Staaten, die die DDR anerkennen, werden abgebrochen.

Aus diesem Selbstverständnis der BRD ergab sich zwingend das Festhalten an der Wiedervereinigung, an der Einheit der deutschen Nation.

Das Selbstverständnis der DDR
Nach Ansicht der DDR waren nach Kriegsende zwei völlig unabhängige und **gleichwertige deutsche Staaten** entstanden (Äquivalenzthese). Dennoch hielt die DDR zunächst an der Einheit der Nation unter sozialistischen Voraussetzungen fest.

Ende der Sechzigerjahre gab die DDR die nationale Einheit auf. Für sie existierten nun zwei deutsche Staaten und zwei deutsche Nationen. Diese seien

> aufgrund der gegensätzlichen politischen und ideologischen Verhältnisse unvereinbar (Zwei-Staaten-Zwei-Nationen-These). Als Konsequenz forderte die DDR von der BRD die völkerrechtliche Anerkennung.

Deutschlandpolitik ab 1955

Nach einer kurzen Entspannungsoffensive um die Mitte der Fünfzigerjahre schlug Stalins Nachfolger Nikita **Chruschtschow** einen aggressiven außen- und deutschlandpolitischen Kurs ein. Im November 1958 forderte er die **Aufgabe des Viermächtestatus Berlins**, was das Aufgehen der ganzen Stadt in der DDR bedeutet hätte. Noch im selben Monat stellte er das **Berlin-Ultimatum**: Westberlin müsse innerhalb von sechs Monaten in eine entmilitarisierte „Freistadt" umgewandelt werden, ansonsten werde die UdSSR dies tun. Die Westmächte hielten jedoch an dem Viermächtestatus der Stadt fest.

1959 richtete Chruschtschow einen Friedensvertragsentwurf an die Westmächte. Als Voraussetzungen für die Wiedervereinigung nannte er die Gleichberechtigung der beiden deutschen Staaten, die Neutralität des vereinigten Deutschlands und die Anerkennung der Oder-Neiße-Grenze.

Das Problem der **Bonner Deutschlandpolitik** war die nachlassende Bedeutung der deutschen Frage. Die Bundesrepublik fand nun bei den Verbündeten keine Unterstützung mehr, weshalb eine Anpassung an die veränderten Rahmenbedingungen nötig wurde. Eine deutliche Korrektur hätte aber für die Regierungsparteien große Stimmenverluste bewirkt. Deshalb veränderten sie zunächst nichts.

9 Deutschland 1955–1989

QUICK-FINDER

9.1 Die innere Entwicklung von BRD und DDR
- Die Bundesrepublik Deutschland ➔ **S. 169**
- Die Deutsche Demokratische Republik ➔ **S. 170**

9.2 Von der Konfrontation zur Kooperation
- Die Außenpolitik der Supermächte ➔ **S. 171**
- Der Bau der Berliner Mauer ➔ **S. 173**
- Die Kubakrise ➔ **S. 173**   Lern-Video

9.3 Die Ost- und Deutschlandpolitik der sozial-liberalen Koalition 1969–1973
  Lern-Video

- Besonders wichtig:
  Die Deutschlandpolitik Willy Brandts ➔ **S. 174**
- Der Moskauer Vertrag ➔ **S. 176**
- Der Warschauer Vertrag ➔ **S. 177**
- Das Viermächteabkommen über Berlin ➔ **S. 177**
- Der Grundlagenvertrag ➔ **S. 178**
- Der Abschluss der sozial-liberalen Vertragspolitik ➔ **S. 180**
- Deutsch-deutsche Politik 1973–1989 ➔ **S. 181**

9.1 Die innere Entwicklung von BRD und DDR

Die Bundesrepublik Deutschland

Die Fünfzigerjahre der Bundesrepublik waren bestimmt vom „Wirtschaftswunder", dessen Ursachen die Währungsreform, die soziale Marktwirtschaft, günstige Produktions- und Exportbedingungen, die Marshallplan-Hilfe und der Aufbauwille der Bevölkerung waren. Dieser Aufschwung ermöglichte den Ausbau des Sozialstaates, veränderte die Wirtschafts- und Gesellschaftsstruktur sowie die Lebensgewohnheiten und die Mentalität der Westdeutschen.

In dieser Zeit entstand aus der Kritik an der „Spießergesellschaft" der älteren Generation die Subkultur der jugendlichen „Halbstarken". Sie suchten nach individuellen Freiräumen, ahmten den **„American way of life"** nach und beeinflussten durch die **„Amerikanisierung"** die gesellschaftliche Entwicklung der Bundesrepublik.

Die erste Hälfte der 60er-Jahre war geprägt von gesellschaftspolitischen Konflikten, der Entstehung der rechtsextremen NPD und einer ersten Wirtschaftsflaute. Da **Bundeskanzler Erhard (1963–1966)** sie nicht effizient bekämpfte, formierte sich 1966 die **Große Koalition** aus CDU/CSU und SPD unter Bundeskanzler Kurt Georg Kiesinger (CDU, 1966–1969). Sie erreichte die Stabilisierung der Wirtschaft, löste aber heftige Kritik aus, da sie von vielen als undemokratisch angesehen wurde.

Als die in den USA entstandene **studentische Protestbewegung** auf Europa übergriff, bildete sich in der Bundesrepublik die **Außerparlamentarische Opposition** (APO).

Sie bestand vor allem aus Schülern, Studenten und Intellektuellen. Sie lehnte das gesamte gesellschaftspolitische System, das „Establishment", ab, befürwortete einen „Sozialismus mit menschlichem Antlitz" und strebte eine neue, autoritäts- und repressionsfreie Gesellschaft an. Sie zerfiel Ende der 60er-Jahre; ein kleiner, radikaler Teil formierte sich zur **terroristischen Rote Armee Fraktion (RAF)**, die den Staat bedrohte und sogar vor Mord nicht zurückschreckte. Die **„68er-Bewegung"** politisierte die Bundesrepublik und beeinflusste ihre gesellschaftliche Entwicklung nachhaltig.

Die sozial-liberalen Regierungen unter den Bundeskanzlern **Willy Brandt (1969–1974)** und **Helmut Schmidt (1974–1982)** betrieben außenpolitisch eine neue Ost- und Deutschlandpolitik und innenpolitisch eine ausgeprägte Reformpolitik. Die wirtschaftlichen Probleme bekämpfte Schmidt zwar mit großem Sachverstand, konnte die wachsende Arbeitslosigkeit jedoch nicht reduzieren. Sie blieb auch in der Regierungszeit der Kanzler **Helmut Kohl (CDU, 1982–1998)** und **Gerhard Schröder (SPD, 1998–2005)** das Hauptproblem.

Die Deutsche Demokratische Republik

Die sozialistische Umstrukturierung der DDR und die schlechten Lebensbedingungen lösten Unzufriedenheit, Proteste, den Aufstand vom 17. Juni 1953 und eine breite Fluchtbewegung aus. Hunderttausende von DDR-Bürgern verließen Jahr für Jahr das „Arbeiter- und Bauernparadies". Der **Bau der Berliner Mauer** stoppte die „Abstimmung mit den Füßen" und zwang die Bevölkerung, sich mit den Verhältnissen abzufinden. Der SED-Staat konnte sich stabilisieren.

Umfassende Reformen im wissenschaftlich-technischen Bereich bewirkten einen wirtschaftlichen Aufschwung, der mit größerer innenpolitischer Freiheit einherging. Der höhere Lebensstandard, die internationale Akzeptanz der DDR und ihre Erfolge im Leistungssport ermöglichten vielen DDR-Bürgern die Identifizierung mit dem SED-Staat.

Die **Ölkrise von 1973/74** beendete die „Goldenen Jahre" der DDR, deren wirtschaftliche und systempolitische Probleme wuchsen. Wirtschaftlicher Niedergang, ökologischer Raubbau und die wachsende Opposition von Dissidenten und Jugendlichen bewirkten in den Achtzigerjahren die Rücknahme innenpolitischer Freiheiten, die Perfektionierung des Überwachungs- und Bespitzelungsapparates und die Verschärfung staatlicher Repressionen.

9.2 Von der Konfrontation zur Kooperation

Die Außenpolitik der Supermächte
Die **Außenpolitik der** UdSSR war in der zweiten Hälfte der Fünfziger- und zu Beginn der Sechzigerjahre zweigleisig: Einerseits hatte Chruschtschow 1956 die „friedliche Koexistenz" zwischen Völkern mit unterschiedlichen Gesellschaftsordnungen verkündet; andererseits war er überzeugt, die USA seien zu liberal und würden nicht kämpfen, wenn es hart auf hart gehe. Auf der Basis dieser Fehleinschätzung betrieb er eine aggressive Außenpolitik.

Die **amerikanische Außenpolitik** änderte sich grundlegend mit Präsident **John F. Kennedy (1961–1963)**. In den 50er-Jahren verloren die USA ihr Monopol nuklearer Raketen. Die UdSSR wurde auf dem militärischen Sektor zur gleichwertigen zweiten Supermacht. Kennedy verkündete deshalb im September 1961 den **„geopolitischen Realismus"**. Er bedeutete eine Absage an die bisherige Konfrontationspolitik. In der Zeit der nuklearen Hochrüstung der Supermächte seien Abrüstung, gemeinsame Normen der internationalen Gerechtigkeit und des internationalen Verhaltens als Voraussetzung für einen dauerhaften Frieden unumgänglich. Die Supermächte sollten den Status quo in Europa und der Welt anerkennen und keine gefährliche Machtpolitik mehr betreiben. Dieser neue Kurs beinhaltete die Aufgabe der antisowjetischen Außenpolitik, eine Politik der Entspannung und Kooperation, die Anerkennung der Hegemonialstellung der UdSSR im sozialistischen Lager sowie die Anerkennung der bestehenden territorialen Verhältnisse in Europa. Daraus ergab sich ein verringertes deutschlandpolitisches Engagement der USA. Zudem verlangte Kennedy von der Bundesrepublik einen Beitrag zu seiner Entspannungspolitik.

Supermächte

Supermächte haben folgende Charakteristika: Weltpolitischer Führungsanspruch mit weltweit vertretener Ideologie, deutliche militärische Überlegenheit im eigenen Lager, Führungsmacht eines regionalen Paktsystems, Anerkennung als Supermacht durch eine andere Supermacht.

Der Bau der Berliner Mauer

In seiner Regierungserklärung Ende Juli 1961 nannte Kennedy die entscheidenden drei Grundlagen („three essentials") seiner Berlinpolitik: Die Stationierung der westlichen Truppen, deren ungehinderter Zugang nach Westberlin und die freie Wahl der Lebensform für die Westberliner Bevölkerung. Entscheidend war, dass er diese Grundlagen ausdrücklich nur auf Westberlin bezog. Damit akzeptierte er Ostberlin als Einflussbereich der UdSSR. Der Weg war nun frei für den von Ostberlin geforderten Mauerbau, den die UdSSR bisher verweigert hatte. Die westlichen Truppen griffen nicht ein, der **Mauerbau (13. Juni 1961)** war der Testfall der neuen amerikanischen Außenpolitik.

Die Kubakrise

Lern-Video
www.sofatutor.com/klett/68

1959 hatte der **Sozialist Fidel Castro** durch eine Revolution die Macht in Kuba an sich gerissen. Er öffnete den Inselstaat für sowjetische Mittelstreckenraketen. Deren Stationierung hätte nicht nur das Kräfteverhältnis der Supermächte wesentlich verändert, sondern auch die USA auf ihrem eigenen Territorium massiv bedroht. Kennedy reagierte darauf im Oktober 1962 mit einem Ultimatum an die UdSSR, ihre Raketen abzuziehen. Die UdSSR erkannte das unkalkulierbare Risiko ihrer aggressiven Konfrontationspolitik. Sie gab nach und schwenkte auf Kennedys geopolitischen Realismus und die Entspannung ein. Erste Maßnahme war im Juni 1963 die Einrichtung des „heißen Drahts", einer direkten Telefonverbindung zwischen beiden führenden Staatsmännern, die nun in Krisensituationen direkt Kontakt aufnehmen konnten.

Die Kubakrise hatte vier wesentliche **Auswirkungen auf die Weltpolitik**: Beide Supermächte respektierten die bestehenden Verhältnisse, vermieden eine direkte militärische Konfrontation, verfolgten in Krisengebieten ihre Interessen oft durch Stellvertreterkriege ideologisch gleich gesinnter Staaten oder politischer Gruppen und bauten die Entspannung durch Abrüstungsgespräche und -konferenzen aus.

9.3 Die Ost- und Deutschlandpolitik der sozial-liberalen Koalition 1969–1973

Lern-Video
www.sofatutor.com/klett/69

Besonders wichtig:
Die Deutschlandpolitik Willy Brandts

Die sozial-liberale Deutschlandpolitik basierte auf dem von Egon Bahr (SPD) entwickelten Konzept „Wandel durch Annäherung". Deshalb gab Bundeskanzler Willy Brandt die Deutschlandpolitik seiner Vorgänger (Alleinvertretungsanspruch, Hallstein-Doktrin) auf. Er wollte eine „realistische" Deutschlandpolitik betreiben.

Die Ost- und Deutschlandpolitik der sozial-liberalen Koalition 1969–1973

> **Wandel durch Annäherung**
> Konzept der Regierung Brandt, durch eine schrittweise Annäherung an die DDR und durch intensivere Handelsbeziehungen die materiellen Verhältnisse für die DDR-Bürger zu verbessern. Dies werde es der SED-Führung ermöglichen, die Grenze durchlässiger zu machen.

In seiner Regierungserklärung vom 28.10.1969 konkretisierte er die **Grundlagen der sozial-liberalen Deutschlandpolitik**: Anerkennung der Existenz der souveränen DDR, schrittweise Verbesserung des deutsch-deutschen Verhältnisses, Verhandlungen auf Regierungsebene, Gewaltverzicht und Anerkennung der innerdeutschen Grenze. Die völkerrechtliche Anerkennung der DDR lehnte er kategorisch ab, da sie eine Wiedervereinigung unmöglich gemacht hätte. Im Ausland wurde die neue Bonner Deutschlandpolitik begrüßt, im Inland von der Opposition heftig bekämpft.

Mit der Regierungserklärung Brandts begannen **deutsch-deutsche Gespräche**. Im März und Mai 1970 trafen sich die beiden Regierungschefs, Brandt und Stoph, in Erfurt bzw. in Kassel. Stoph forderte die völkerrechtliche Anerkennung der DDR durch die Bundesrepublik. Brandt lehnte sie ab und ging „von der fortdauernden und lebendigen Wirklichkeit einer deutschen Nation" aus. Als vorrangiges Ziel nannte er Fortschritte für die Menschen in Deutschland. Eine Verständigung konnte nicht erzielt werden.

> **Willy Brandt**
>
> (eigentlich: Herbert Frahm, 18.12.1913 – 8.10.1992)
> Bereits als Jugendlicher starkes politisches Engagement in der Sozialistischen Jugendbewegung; 1933 Emigration nach Norwegen; Ausbürgerung durch das Deutsche Reich, Erwerb der norwegischen Staatsbürgerschaft und journalistische Tätigkeit unter dem Namen Willy Brandt bis Kriegsende; 1948 wird Brandt wieder deutscher Staatsbürger; 1957–1966 Regierender Bürgermeister von Berlin (West), 1964–1987 Vorsitzender der SPD, 1966–1969 Außenminister und Vizekanzler, 1969–1974 Bundeskanzler.

Der Moskauer Vertrag

Am **12.8.1970** unterzeichneten die UdSSR und die Bundesrepublik den so genannten **Moskauer Vertrag**. Sie wollten (laut Präambel) zum Frieden und zur Sicherheit in Europa und in der Welt beitragen und ihre bilaterale Zusammenarbeit verstärken. Der Vertrag nannte als Ziele der deutsch-sowjetischen Vertragspolitik: Entspannung, Normalisierung der Lage in Europa, Friedenserhaltung, gegenseitiger Gewaltverzicht, Unverletzlichkeit der bestehenden Grenzen, insbesondere der innerdeutschen und der Oder-Neiße-Grenze sowie Achtung der territorialen Integrität.

Der Vertrag hatte große **deutschlandpolitische und europäische Bedeutung**: Er war die Voraussetzung für weitere ost- und deutschlandpolitische Verträge und machte den Weg frei für das von den Supermächten angestrebte europäische „System der kollektiven Sicherheit".

Die Ost- und Deutschlandpolitik der sozial-liberalen Koalition 1969–1973

In der Bundesrepublik kritisierte die Opposition heftig, dass die sozial-liberale Ost- und Deutschlandpolitik die Wiedervereinigung gefährde. Deshalb übergab Außenminister Scheel bei der Unterzeichnung des Vertrags der UdSSR den „Brief zur deutschen Einheit". Er bekräftigte das Ziel der Bundesrepublik, „auf einen Zustand des Friedens in Europa hinzuwirken, in dem das deutsche Volk in freier Selbstbestimmung seine Einheit wiedererlangt."

Der Warschauer Vertrag

Er ist weitgehend identisch mit dem Moskauer Vertrag, regelt aber das deutsch-polnische Kernproblem durch die Bestimmung, dass die Oder-Neiße-Grenze die „westliche Staatsgrenze der Volksrepublik Polen" ist und dass beide Staaten keinerlei Gebietsansprüche erheben werden.

Der **Warschauer Vertrag (7.12.1970)** löste heftige Reaktionen der Opposition und der Heimatvertriebenenverbände aus. Sie kritisierten, dass der Begriff „Staatsgrenze" eine De-facto-Anerkennung der Oder-Neiße-Grenze bedeute und damit den Verzicht auf die ehemaligen deutschen Ostgebiete.

Das Viermächteabkommen über Berlin

Als ehemaliger Regierender Bürgermeister von Westberlin hatte für Brandt die Sicherheit Berlins sehr große Bedeutung. Er verknüpfte deshalb die Ratifizierung der Ostverträge mit einer Berlinregelung.

> **Ratifizierung**
>
> Annahme eines zwischenstaatlichen Vertrags durch das Parlament.

Deshalb unterzeichneten die ehemaligen Besatzungsmächte am 3.9.1971 das **Viermächteabkommen über Berlin**. Es bekräftigte ihre Verantwortung für ganz Berlin, betonte die Aufrechterhaltung der Bindungen Westberlins zur Bundesrepublik, gestand ihr die diplomatische Vertretung Westberlins zu, bestätigte den ungehinderten Transitverkehr nach Westberlin durch die DDR und ging von einer Verbesserung der Kommunikation zwischen West- und Ostberlin aus.

Das Abkommen normalisierte die Situation Berlins, die Stadt verlor ihren Charakter als potenzieller Störfaktor des Ost-West-Verhältnisses. Die UdSSR verlangte nun nicht mehr die Umwandlung Berlins oder Westberlins in eine „Freie Stadt", sondern nur noch die Beachtung des „bestehenden Status". Damit war ein europäisches Kernproblem im Sinne der ehemaligen Besatzungsmächte „gelöst", der Weg frei für konkrete europäische Entspannungsverhandlungen und -verträge.

Der Grundlagenvertrag
Schritte zur Erreichung des Grundlagenvertrags

17.12.1971: Transitabkommen zwischen BRD und DDR. Es regelte den Personen- und Güterverkehr von der Bundesrepublik durch die DDR nach Westberlin.

26.5.1972: Der Verkehrsvertrag, der erste Staatsvertrag zwischen BRD und DDR, beinhaltete den Straßen-, Schienen- und Wasserverkehr zwischen beiden Staaten.

Inhalte des Grundlagenvertrags

21.12.1972: Der „Vertrag über die Grundlagen der Beziehungen zwischen der Bundesrepublik und der Deutschen Demokratischen Republik" (Grundlagenvertrag) wurde in Ostberlin unterzeichnet. Er bestand aus dem „Brief zur deutschen Einheit", zahlreichen Anlagen und dem eigentlichen Vertrag. Um den von den Supermächten geforderten Vertrag zu erreichen, klammerten die Vertragspartner das Hauptproblem, die nationale Einheit, aus. Sie vereinbarten in der Präambel den Abschluss des Vertrags „unbeschadet ihrer unterschiedlichen Auffassungen zur nationalen Frage". Sie beschlossen u. a. „normale gutnachbarliche Beziehungen" auf der Grundlage der Gleichberechtigung. Dieser Kompromiss bedeutete für die DDR die Nichteinmischung in ihre inneren Angelegenheiten (z. B. Grenzsicherung, Menschenrechte), die Bundesrepublik leitete daraus ab, dass die DDR ihren Bürgern Reise-, Besuchsmöglichkeiten und humanitäre Verbesserungen einräumen werde.

Weitere Vertragsinhalte betrafen die Aufgabe des Alleinvertretungsanspruchs und der Hallstein-Doktrin durch die BRD, einen Gewaltverzicht, die umfassende Normalisierung der Beziehungen durch die Regelung „praktischer und humanitärer Fragen" sowie den Austausch „ständiger Vertreter". Hier erreichte die BRD, dass keine „Botschafter" ausgetauscht wurden. Dies hätte eine völkerrechtliche Anerkennung der DDR bedeutet.

Die Bedeutung des Grundlagenvertrags

Der Vertrag wurde vom Bundestag nach erbitterten Debatten und einem knapp gescheiterten Misstrauensvotum gegen Brandt im Mai 1973 ratifiziert. Ende Juli entschied das von Bayern angerufene Bundesverfassungsgericht, dass der Vertrag grundgesetzkonform und **kein „Teilungsvertrag"** sei. Beide Vertragspartner hatten Teilziele erreicht, beide hatten in wesentlichen Bereichen Zugeständnisse machen müssen.

Die Bundesrepublik hatte an der Einheit der Nation festgehalten, die DDR völkerrechtlich nicht anerkannt und eine rechtliche Grundlage für die Einforderung menschlicher Erleichterungen für die DDR-Bürger (z.B. Reiseerleichterungen, Besuchsregelungen) erreicht.

Die DDR hatte die Anerkennung als gleichberechtigter Staat gewonnen sowie die Nichteinmischung der Bundesrepublik in ihre inneren Angelegenheiten. Außerdem musste die Bundesrepublik die „humanitären Verbesserungen" (Reiseerleichterungen, Besuchsregelungen, Freikauf politischer Gefangener, Bau von Transitwegen) mit „harter Währung" (D-Mark) erkaufen.

Auf europäischer Ebene „löste" der Vertrag aus Sicht der ehemaligen Besatzungsmächte das letzte große Problem. Der Weg war nun frei für die von den Supermächten angestrebte „Konferenz über Sicherheit und Zusammenarbeit in Europa" (w).

Der Abschluss der sozial-liberalen Vertragspolitik

Im **Prager Vertrag** zwischen der Bundesrepublik und der Tschechoslowakischen Republik (11.12.1973) vereinbarten die Vertragspartner die „Nichtigkeit" des Münchner Abkommens von 1938, die Unverletzlichkeit ihrer Grenzen und den Ausbau nachbarschaftlicher Zusammenarbeit. Wenige Tage später nahm die Bundesrepublik diplomatische Beziehungen mit Bulgarien und Ungarn auf. Damit bestanden normale politische Verhältnisse zu allen osteuropäischen Staaten mit Ausnahme Albaniens.

Die Ost- und Deutschlandpolitik der sozial-liberalen Koalition 1969–1973

Deutsch-deutsche Politik 1973–1989

Die Verträge mit den östlichen Nachbarstaaten und mit der DDR schrieben den Status Quo in Deutschland fest und bildeten den Rahmen der Deutschlandpolitik bis 1989. Beide deutschen Staaten hielten sich an die Verträge, erweiterten sie durch zahlreiche Folgeverträge und verbesserten ihr Verhältnis. Am deutschen Kernproblem änderte dies nichts: Die BRD hielt an der Wiedervereinigung fest, die DDR lehnte sie als „unrealistisch" ab.

> **Lehrer-Tipp:**
> **Auswertung von Plakaten, Bildern und Karikaturen**
>
> „Auf den ersten Blick scheinen diese drei Mittel der bildlichen Darstellung sehr unterschiedlich. **Politische Plakate** sollen die Programme und Ziele einer Person oder Partei vermitteln; **historische Bilder** oder Fotos dazu dienen, Persönlichkeiten der Geschichte abzubilden und **Karikaturen** den Zweck erfüllen, Meinungen überspitzt darzustellen.
>
> Jedoch haben sie zwei wichtige Gemeinsamkeiten: Erstens gelten beim Analysieren die gleichen Regeln. Achte deswegen auf Symbole, den Einsatz von Farben und Darstellungstechniken (z. B. Größenverhältnisse von Personen, Mimik, charakterisierende Elemente).
>
> Zweitens sind alle drei Bildformen sehr oft subjektiv und müssen daher auf ihren Wahrheitsgehalt überprüft werden. Versuche deswegen beim Auswerten Folgendes zu beachten:
>
> Was ist die Botschaft? Wird der Betrachter beeinflusst? Verfälscht oder verzerrt das Plakat/das Bild/ die Karikatur die Wahrheit?"
>
> Walter Göbel, Gymnasiallehrer in Würzburg

10 Deutschland 1989 bis heute

QUICK-FINDER

10.1 Die Vereinigung Deutschlands
- Die Ursachen der Revolution in der DDR ➔ **S. 183**
- Die „friedliche" Revolution in der DDR ➔ **S. 184**
  - Lern-Video
- Die Volkskammerwahl vom 18.3.1990 ➔ **S. 185**
- Die Zwei-plus-vier-Verhandlungen ➔ **S. 186**
- Der Staatsvertrag ➔ **S. 187**
- Besonders wichtig: Der Einigungsvertrag ➔ **S. 187**
- Der Zwei-plus-vier-Vertrag ➔ **S. 187**
- Die Vereinigung Deutschlands ➔ **S. 188**
  - Lern-Video
- Das vereinte Deutschland ➔ **S. 189**

10.2 Von Helmut Kohl zu Angela Merkel ➔ **S. 189**

10.3 Die europäische Entwicklung
- Der Zerfall der UdSSR ➔ **S. 190**
- Europa wächst zusammen ➔ **S. 190**

10.1 Die Vereinigung Deutschlands

Die Ursachen der Revolution in der DDR

Die wirtschaftliche und gesellschaftspolitische Krise löste im Herbst 1989 eine Revolution aus, die zahlreiche Ursachen hatte:

- Die alleinige Inhaberin der politischen Macht war die SED, die anderen Parteien waren lediglich ihre Handlanger. Die Demokratie existierte nur auf dem Papier.
- Die Menschenrechte konnten nur im sozialistischen Rahmen verwirklicht werden, den die SED vorschrieb.
- Oppositionelle und Dissidenten (politisch Andersdenkende) wurden bespitzelt, überwacht und verfolgt.
- Die DDR war im Gegensatz zur Propaganda der SED eine Zweiklassengesellschaft: Funktionäre der SED und ihrer Massenorganisationen hatten eine deutlich höhere Lebensqualität als der Durchschnittsbürger.
- Die offensichtlichen Widersprüche zwischen propagandistischer Theorie und alltäglicher Praxis erschütterten die Glaubwürdigkeit der SED und des Sozialismus.
- Andere Bezugssysteme (Bundesrepublik, westliches Gesellschaftssystem, freiheitliche Veränderungen in Polen und in der UdSSR) verdeutlichten die Schwächen und Defizite des „real existierenden Sozialismus".
- Wirtschaftliche Ursachen: Der Lebensstandard war, verglichen mit dem westlicher Staaten, niedrig, die Versorgungslage und die Wohnverhältnisse schlecht.

Die „friedliche" Revolution in der DDR

Lern-Video — www.sofatutor.com/klett/6a

Die offensichtlich manipulierten Kommunalwahlen vom Mai 1989 lösten massive Proteste aus. Im Vorfeld der pompösen 40-Jahres-Feier der DDR (7. Oktober 1989) flohen im Juli und August zigtausende über Ungarn, das seine Grenze zu Österreich öffnete oder über die bundesrepublikanischen Botschaften in Warschau und Prag. Massendemonstrationen entstanden in Ostberlin, in Leipzig („**Montagsdemonstrationen**") und anderen Großstädten. Die SED-Führung, die von dem Ausmaß und der Heftigkeit der Proteste überrascht wurde, verzichtete letztlich auf den Einsatz von Militär. Ein wesentlicher Grund dafür war, dass von der UdSSR, anders als 1953, keine Unterstützung zu erwarten war, da die Führungsmacht des Ostblocks unter Gorbatschow dabei war, ihre Gesellschaft durch Perestroika und Glasnost freiheitlicher zu gestalten.

> **Perestroika und Glasnost**
>
> Perestroika (russ.: Umgestaltung), Glasnost (russ.: Offenheit): Von Generalsekretär Michail Gorbatschow 1985/86 verordnete Reformen des Umbaus und der Modernisierung des politischen, gesellschaftlichen und wirtschaftlichen Systems der UdSSR bzw. der Offenheit und Transparenz der Staatsführung gegenüber der Bevölkerung.

In der DDR entstanden Bürgerrechtsgruppen, die den Dialog zwischen SED-Führung und Volk forderten. Mitte Oktober „opferte" die SED **Erich Honecker**, der aus „Gesundheitsgründen" seine Ämter aufgab. Nachfolger wurde **Egon Krenz** (SED). Ihm und der SED-Führung gelang es nicht, die Wogen zu glätten. Politische Forderungen („Wir sind das Volk"), vor allem die nach der Wiedervereinigung, wurden immer lauter („Wir sind *ein* Volk", „Deutschland – einig Vaterland").

9. November 1989: Die Öffnung der Grenze

In dieser Situation verordnete die SED-Führung am 9. November 1989 die Öffnung der innerdeutschen Grenze. Dies löste bei der Bevölkerung und den Bürgerrechtlern die Gewissheit aus, sich diesmal durchsetzen zu können. Die Bürgerrechtsbewegungen erreichten den „Runden Tisch". Er setzte sich aus Vertretern der Regierung, Parteien, Massenorganisationen, Kirchen und Bürgerrechtsbewegungen zusammen, kontrollierte die Regierung und diskutierte die notwendigen Veränderungen.

Mitte November wählte die Volkskammer **Hans Modrow** (SED) zum Vorsitzenden des Ministerrats. Er versuchte vergeblich, die Revolution durch Zugeständnisse zu stoppen und der SED die Macht zu erhalten. Anfang Dezember strich die Volkskammer die führende Rolle der SED aus der Verfassung und Egon Krenz trat zurück. Im Januar 1990 benannte sich die SED in „Partei des Demokratischen Sozialismus" (PDS) um. Im April änderte die Volkskammer erneut die Verfassung: Die DDR war nun kein sozialistischer Staat der Arbeiter und Bauern mehr.

Die Volkskammerwahl vom 18. 3. 1990

Gegen Ende des Jahres 1989 wuchs der Druck der DDR-Bevölkerung, die die Vereinigung möglichst schnell wollte. Sie erzwang die Vorverlegung der Volkskammerwahl auf den 18. März. Deshalb kamen Vereinigungspläne der beiden Regierungschefs Kohl und Modrow nicht mehr zum Tragen. Die Wahl gewann überraschend und mit großem Vorsprung vor der favorisierten SPD die konservative **„Allianz für Deutschland"** (CDU, DSU = Deutsche Soziale Union, DA = Demokratischer Aufbruch). Den Wahlausgang bestimmten maßgeblich die **unterschiedlichen Vereinigungsprogramme** der Allianz bzw. der SPD. Erstere wollte die rasche Vereinigung durch den Beitritt der DDR-Länder zum Geltungsbereich des Grundgesetzes (Art. 23 GG); die SPD wollte als Grundlage der Vereinigung eine neue Verfassung. Dies hätte lang gedauert und entsprach nicht der Vorstellung der Mehrheit der DDR-Bevölkerung. Am 5. April wählte die neue Volkskammer Lothar **de Maizière** (CDU) zum letzten Ministerpräsidenten der DDR.

Zwei-plus-vier-Verhandlungen

(Mai – September 1990) An ihnen nahmen die Außenminister der ehemaligen Besatzungsmächte und die der beiden deutschen Staaten teil. Eine wesentliche Voraussetzung für die Beratungen waren gleich lautende Entschließungen des Bundestags und der Volkskammer. Sie drückten ihre Bereitschaft aus, die Oder-Neiße-Grenze als polnische Staatsgrenze anzuerkennen. Damit konnte nicht mehr von Wiedervereinigung, sondern nur noch von der **Vereinigung** (der beiden deutschen Staaten) gesprochen werden. Intensive Beratungen in Bonn, Niederschönhausen (Ostberlin), Paris und Moskau sowie deutsch-sowjetische Gespräche auf Regierungsebene in Moskau und im Kaukasus bildeten den internationalen Rahmen der Vereinigung. Möglich wurde sie, weil Gorbatschow westliche Hilfe brauchte, um der Zerfall der UdSSR zu stoppen, und deshalb die bisherige sowjetische Deutschlandpolitik völlig aufgab.

Die Vereinigung Deutschlands

Der Staatsvertrag

(18.5.1990) Der „Vertrag über die Schaffung einer Währungs-, Wirtschafts- und Sozialunion zwischen der Bundesrepublik Deutschland und der Deutschen Demokratischen Republik" legte als wesentliche wirtschaftliche und finanzielle Grundlagen der Vereinigung fest: Einheitliches Wirtschaftsgebiet (Währungs- und Wirtschaftsunion), Anpassung des Wirtschaftssystems der DDR an das der Bundesrepublik, Übernahme des bundesrepublikanischen Systems der sozialen Sicherheit durch die DDR.

> **Besonders wichtig: Der Einigungsvertrag**
>
> (31.8.1990) Der „Vertrag zwischen der Bundesrepublik Deutschland und der Deutschen Demokratischen Republik über die Herstellung der Einheit Deutschlands" war die juristische Grundlage der Vereinigung. Er enthält folgende wesentlichen Bestimmungen: Beitritt der zu schaffenden DDR-Länder zum Geltungsbereich des Grundgesetzes; Vereinigung Berlins zu einem Bundesland; Hauptstadt des vereinigten Deutschlands wird Berlin; Übertragung des bundesrepublikanischen Rechts auf die ehemalige DDR.

Der Zwei-plus-vier-Vertrag

(12.9.1990) Der „Vertrag über die abschließende Regelung in Bezug auf Deutschland" bestimmte: Die Grenzen des vereinten Deutschlands sind die der Bundesrepublik und der DDR; Deutschland erkennt die Oder-Neiße-Grenze an; die vier Siegermächte geben Deutschland die volle Souveränität, die auch die freie (militärische) Bündniswahl beinhaltet.

Der Vertrag war eines der wichtigsten europäischen Dokumente der Nachkriegszeit. Er ersetzte den Friedensvertrag und schloss damit das Kapitel des Zweiten Weltkriegs endgültig ab; er beendete die Teilung Deutschlands, beschleunigte die Einigung Europas und führte zu einer weiteren Entspannung zwischen Ost und West.

Die Vereinigung Deutschlands

Lern-Video
www.sofatutor.com/klett/6b

Am **3. Oktober 1990** feierte Deutschland unter großer Anteilnahme des Auslands seine Vereinigung und damit das Ende der fünfundvierzigjährigen Teilung. Entscheidend war, dass die Einheit Deutschlands in Zusammenarbeit und in voller Übereinstimmung mit seinen Nachbarn und Partnern erreicht wurde. Die unerwartet schnelle Vereinigung wurde durch eine Reihe von Bedingungsfaktoren möglich. Dazu gehören der wirtschaftliche und politische Zerfall der UdSSR, die dringend westliche Hilfe benötigte, die vorbehaltlose Unterstützung der USA, das zielgerichtete Vorgehen Kohls und seines Außenministers Genscher (FDP), die die Gunst der Stunde klug und engagiert nutzten.

In Europa überwogen zunächst Skepsis und Befürchtungen. Unter Bezug auf die europäische Geschichte des 19. und 20. Jahrhunderts wurde der Rückfall in nationalstaatliches Denken sowie die wirtschaftliche Dominanz Deutschlands befürchtet. Diese Befürchtungen haben sich nicht bewahrheitet.

Das vereinte Deutschland

Das vereinte Deutschland hatte in der Folgezeit mit großen Problemen zu kämpfen. Dazu gehörten die Umstrukturierung der unproduktiven DDR-Wirtschaft, die mühsame Beseitigung der DDR-Altlasten (schlechte Infrastruktur, Raubbau und Umweltverschmutzung), riesige finanzielle Lasten für die Modernisierung der neuen Bundesländer Thüringen, Sachsen, Sachsen-Anhalt, Mecklenburg-Vorpommern und Brandenburg sowie gesellschaftliche Anpassungsprobleme für viele ehemalige DDR-Bürger.

10.2 Von Helmut Kohl zu Angela Merkel

Von 1982 bis 1998 hatte **Helmut Kohl** (CDU) die Regierung (aus CDU/CSU und FDP) geführt. Die Bundestagswahl von 1998 gewann die SPD und bildete mit den Grünen eine Regierung. Kanzler wurde **Gerhard Schröder** (SPD), Außenminister Joschka Fischer (Die Grünen).
Die neue Regierung konzentrierte sich besonders auf die Erweiterung der Europäischen Union, auf Umweltpolitik, eine friedliche Konfliktregelung, Menschenrechtspolitik und Rüstungskontrolle. In der Wirtschafts- und Sozialpolitik konnte die rot-grüne Regierung keine wesentlichen Verbesserungen erreichen. Vor allem die hohe Arbeitslosigkeit führte dazu, dass sie die Bundestagswahl von 2002 nur hauchdünn gewann. Auch in der zweiten Amtsperiode Schröders (2002–2005) stiegen die Arbeitslosenzahl und die Staatsverschuldung weiter an. Nach einigen verlorenen Landtagswahlen ließ Schröder im Mai 2005 den Bundestag wegen der (angeblich) nicht mehr gesicherten Unterstützung seiner Bundestagsfraktion auflösen.

Die Bundestagswahl vom September 2005 bescherte sowohl der SPD als auch der CDU/CSU Verluste und erzwang eine **Große Koalition** dieser Parteien. Bundeskanzlerin wurde **Angela Merkel** (CDU), Außenminister Frank-Walter Steinmeier (SPD).

10.3 Die europäische Entwicklung

Der Zerfall der UdSSR

Die Reformen Gorbatschows brachten keine kurzfristigen wirtschaftlichen Erfolge. Deshalb geriet er immer mehr in die Kritik. Konservative Gegner sammelten sich und organisierten im August 1991 einen Putsch. Dieser schlug zwar fehl, kostete Gorbatschow jedoch die Macht. Der starke Mann wurde **Boris Jelzin**. Auch er konnte nicht verhindern, dass zahlreiche Nationalitäten des Vielvölkerstaats UdSSR die Situation nutzten, um sich aus der Union der Sozialistischen Sowjetrepubliken zu lösen.

Anfang September 1991 beschloss der sowjetische Volksdeputiertenkongress die Umwandlung der UdSSR in eine „Gemeinschaft Unabhängiger Staaten" (GUS). Dies bedeutete territorial und politisch das Ende der UdSSR.

Europa wächst zusammen

1989/90 war nicht nur ein deutsches, sondern auch ein europäisches Epochenjahr. Der **Zerfall der UdSSR** löste in Ost- und Südosteuropa eine Reihe von Konflikten aus: Tschechen und Slowaken trennten sich und Jugoslawien zerfiel in sechs Nachfolgestaaten (Serbien, Slowenien, Kroatien, Mazedonien, Bosnien-Herzegowina und Montenegro). Die dabei entstehenden territorialen, ethnischen

Die europäische Entwicklung

und religiösen Spannungen mündeten in zwei grausame Kriege zwischen Serbien und den ehemaligen jugoslawischen Teilrepubliken Kroatien, Bosnien-Herzegowina (1991–1995) sowie zwischen Serbien und dem Kosovo (1997–1999). Diese Kriege kosteten Tausende das Leben.
Trotz dieser Probleme wuchs Europa zusammen. Grundlage der europäischen Einigung war der **Maastrichter „Vertrag über die Europäische Union" (1992)**. Die EG (Europäische Gemeinschaft) wurde damit zur Europäischen Union (EU). Kernstücke des Vertrags sind die **Wirtschafts- und Währungsunion** (Euro, seit 1.1.2002), die engere Zusammenarbeit in der Rechts- und Innenpolitik sowie eine „Gemeinsame Außen- und Sicherheitspolitik" (GASP).
Der Vertrag machte Europa zu einem großen Wirtschaftsraum, dessen Währung neben dem Dollar zur Weltwährung aufgestiegen ist und zu einer Sicherheitsgemeinschaft, die den Frieden in Europa stabilisiert. Die EU, die 1995 12 Mitgliedsstaaten hatte, dehnte sich nach Osten und Südosten aus und umfasste 2009 27 Staaten.

Stichwortverzeichnis

A

Absolutismus 27
Adenauer, Konrad 157, 161
Alexander der Große 13
Alleinvertretung 166
Alliierter Kontrollrat 147
Anti-Hitler-Koalition 143
Antisemitismus 120
Aufklärung 31
Augsburger Religionsfriede 26
Augustus 14
Außerparlamentarische Opposition (APO) 169

B

Bauernkrieg 26
Berlinblockade 156
Berliner Mauer 173
Berliner Vertrag 101
Bismarck, Otto von 60 – 69
Bizone 154
Blitzkriege 133, 134
Bolschewismus 83
Brandt, Willy 174 – 177
Brief zur deutschen Einheit 178, 179
Brüning, Heinrich 107
Byrnes-Rede 154

C

Canossa 19
Chruschtschow, Nikita 107
Churchill, Winston 143, 144
Containment-Doktrin 153

D

Deutsch-Dänischer Krieg 55
Deutscher Bund 44
Deutsch-Französischer Krieg 56, 57
Deutscher Krieg 55
Deutschlandvertrag 161
Dolchstoßlegende 91
Dreibund 66
Dreiklassenwahlrecht 76
Dreißigjähriger Krieg 26

E

Emser Depesche 56
Erster Weltkrieg 81, 82, 83
Entente cordiale 79
Entnazifizierung 149
Erhard, Ludwig 155, 169
Ermächtigungsgesetz 114
EURATOM 164
Europäische Gemeinschaft 164
Euthanasie 137
EVG-Vertrag 162
EWG 164

F

Faschismus 83
Feudalismus 21
Frankfurter Dokumente 156
Französische Revolution 33, 34
Friedrich Barbarossa 18, 19
Friedrich II. (Preußen) 30
Führerstaat 121

G

Gemeinschaft Unabhängiger Staaten (GUS) 190
Genozid 139
Geopolitischer Realismus 172
Glasnost 184
Glorious Revolution 29
Gründerkrise 74
Goldene Bulle 23
Gorbatschow, Michail 190
Grundlagenvertrag 178, 179
Grundgesetz 157, 158, 159

H

Habsburg, Habsburger 20, 24
Hallstein-Doktrin 166
Hanse 23
Heiliges Römisches Reich Deutscher Nation 39, 40
Heuss, Theo 157
Hindenburg 85, 90, 91, 103
Hitler, Adolf 121, 128, 129
Hitler-Putsch 96
Hitler-Stalin-Pakt 132